KB270792

세무 지식
7일 만에 끝내기

세무 지식

7일 만에 끝내기

· 임성종 지음 ·

살림

대한민국 직장인을 위한 절세에 관한 모든 것

프롤로그 _ 대한민국 직장인을 위한 절세에 관한 모든 것

한때 '세테크'라는 단어가 유행하던 때가 있었다. 세테크를 통하여 세금을 절약하고 가용소득을 높일 수 있다는 이야기는 세간의 화재였다.

직장인들은 대부분 매달 비슷비슷한 월급을 받자마자 여기저기 예정된 곳에서 돈이 빠져나가는 허무함을 느낄 것이다. 또 월급명세표에 붙은 정체불명의 세금들은 공포의 대상이다. 그뿐만 아니다. 평생을 열심히 벌어서 모은 돈으로 꿈에 그리던 아파트를 구입하고 시세차익으로 꽤 짭짤한 이익을 냈다는 기쁨도 잠시, 몇 년이 지나 아파트를 양도하면서 내야 하는 양도소득세의 공포 또한 결코 간과할 수 없다. 옛말에 "구더기 무서워서 장 못 담근다." 라는 말이 있다. 양도소득세가 너무 가혹하다면 결국 세금 걱정 때문에 원하는 곳으로 이사할 수도 없는 상황이

벌어질지도 모른다.

　사람들은 대부분 세금을 어렵다고 생각한다. 아마 다양한 세금 관련 용어 때문일 것이다. 세금 용어들이 대부분 한자로 표현되어 있기도 하고 일본 용어들을 인용한 경우도 많다 보니 더욱 어렵게 다가올 수도 있다. 우리나라 세금은 크게 국세와 지방세로 나뉘고 그 구조 안에서 다시 내국세와 관세로 나뉜다. 내국세는 다시 직접세와 간접세로 구분되는 등 상당히 다양하고 체계적인 세법의 구조가 존재하다 보니, 직장인들은 대부분 세법을 쉽게 접할 수 없는 분야라고 생각한다.

　하지만 세무지식은 알면 알수록 도움이 된다는 사실은 누구도 부인할 수 없다. 세금에 대한 정확한 지식이 있는 사람이라면 매달 일정한 금액이 월급에서 원천징수되는 이유, 혹은 연말정산이라는 절차를 통해서 세금이 환급되거나 아니면 추가납부해야 하는 구조를 정확히 이해할 수 있다. 그뿐만 아니라 일정한 조건을 갖춘 주택을 양도할 때에는 양도소득세를 과세하지 않는다는 사실을 알고 있다면 '양도소득세가 무서워서 부동산 거래를 못 할 일'은 없을 것이다.

이 책은 다양한 세금을 쉽고 체계적으로 설명하고 있다. 개인이 일상생활을 하면서 부딪치게 되는 여러 가지 세금의 문제를 사례와 예시를 통해 설명하여 세무지식에 대한 이해를 도울 수 있는 '세무지식 입문서'의 역할을 하고자 했다. 특히 직장인이 가장 궁금해하는 종합소득세 및 근로소득세, 양도소득세에 등에 대하여 체계적으로 설명하려 했다. 이를 통해 독자들은 '탈세'가 아닌 '절세' 방법들을 구체적으로 알 수 있을 것이다.

이 책이 나오기까지 많은 조언을 아끼지 않은 살림출판사 박종훈님에게 감사의 말씀을 전한다. 또한 회계사로서 자격과 지식 및 경험을 배양할 수 있도록 기회를 주고 배려를 아끼지 않았던 우리회계법인 정이성 이사님과 이상학 회계사님, 김태용 회계사님에게도 지면을 빌어 감사의 마음을 표현하고 싶다. 언제나 묵묵히 내 곁을 지켜주는 사랑하는 현주와 출간의 기쁨을 나누고 싶다.

임성종

contents

Seven Days Master Series

다양한 세금 알아보기

세금은 언제 내야 할까?

내 1원이라도 빼앗기는 듯한

　일상생활에서 세금은 사람에 따라 여러 가지 의미로 다가온다. 하지만 아마도 누구나 다 '가급적 피하고 싶다'는 생각이 가장 먼저 떠오를 것이다. 그리고 세금의 구체적인 산정과정과 의미를 따져 보자고 하면 조금은 위축된다는 느낌을 받을지도 모른다. 분명히 피하고 싶은 존재, 그리고 정확히 알아보려고 스스로 노력하지도 않았던 존재가 바로 세금이 아닐까 싶다.

　먼저 이런 질문을 던져 보자. 과연 세금은 언제 내야 하는 것일까?

　원칙적인 의미에서는 단 1원이라도 벌었다면 세금을

납부해야 한다. 즉 소득이 조금이라도 발생하면 이는 바로 세금을 납부해야 한다는, 일종의 자동적인 연관관계가 성립하는 것이다.

재미있는 가정을 해 보자. 우리나라에 아주 거대한 운동장이 있어서 전 국민을 1월 1일에 그 운동장에 다 집합시킨다. 이때 모든 국민은 본인의 재산을 모두 가지고 와서 그 운동장에다 퍼부어 놓아야 한다. 본인의 재산에는 땅이나 건물 등의 부동산은 물론이거니와 주식, 채권, 예금통장, 지폐, 동전, 심지어 입고 있던 옷까지, 재산 가치가 있는 모든 것들을 다 가져와서 그 금액을 기록해 둔다.

그러고는 1년이 지난 12월 31일에 다시 한 번 전국의 모든 국민을 다시 그 운동장에 모아 둔 다음에 1년 전에 했던 대로 다시 모든 국민의 전 재산을 조사한다. 그 결과 1년 동안 본인의 재산이 단 1원이라도 늘었다면, 여기에 세율을 곱하여 세금을 과세해야 하는 것이 큰 틀에서 볼 때 세금의 의미라 할 수 있다.

앞서 말한 대로 단 1원이라도 벌었을 경우 세금을 내는 것이 원칙이다. 우리나라에서 가장 일반적인 소득의 원천은 바로 근로를 제공한 대가로 받는 근로소득일 것이다. 근로소득자들의 소득은 유리지갑이라는 말이 있듯이 근로소득에서 매월 일정 금액을 원천징수로 납부하고 있고, 연말에는 '연말정산'을 통하여 추가로 세금을 납부하거나 아니면 환급을 받기도 한다.

그렇다면 직장에서 돈을 벌지 않고 부모님에게 매달 용돈을 받는 학생들은 어째서 과세를 하지 않는 것일까? 어느 누구도 부모님으로부터 용돈을 받을 때 일정 금액을 국가에 세금으로 납부하고 세후금액만 용돈으로 받았다는 말을 들어 본 사람은 없을 것이다.

단 1원이라도 벌면 과세를 하는 것이 원칙이긴 하지만 우리나라에서는 세금에 대하여 큰 세목을 규정해 두고 그 안에 다시 구체적인 과세 범위를 정해 두었다. 예를 들어 1등 당첨자에게 자동차를 준다는 이벤트 광고를 보면 그 광고의 제일 아래에 작은 글씨로 '단 제세공과금은 본인 부담'이라는 문구가 있는 것을 볼 수 있다. 이는 우리나라 세법 중 소득세의 기타소득으로 당첨금이 과세된다고 규정되어 있기 때문이다.

하지만 우리나라 현행 세법상에는 사회 통념상 타당한 정도의 용돈이라면 과세가 되지 않는다. 만약 이마저도 세법의 세세한 규정에 의해서 과세를 한다면 우리나라 세법이 미치는 영역은 지금보다 훨씬 더 복잡해지는 등, 현실적인 적용 자체에 커다란 어려움이 있을 것이다.

가만히 있으면 고지서가 나올까?

우리는 신고납부라는 용어가 낯설게 느껴질 수도 있다. 일반적으로 일상생활에서는 신고납부보다는 고지납부가 훨씬 자주 발견되기 때문이다. 예를 들어서 휴대폰 요금, 전기 요금 등 우리가 납부하는 이런저런 공과금은 대부분 한 달에 한 번씩 관련 기관에서 납부기한까지 얼마를 납부하라는 고지서를 받고 그 금액을 그대로 납부한다. 이를 고지납부라고 하는데, 세금은 뜻밖에도 고지납부보다는 신고납부가 좀 더 일반적이다. 개인이 빈번하게 접하는 근로소득세나 양도소득세도 신고납부가 원칙이다.

여기서 신고납부라 함은 특정한 신고기한까지 본인의

세금을 자발적으로 신고하고 이와 동시에 납부까지 해야 한다는 의미이다. 하지만 국민의 다수를 차지하는 근로소득자는 이런 신고납부라는 용어가 매우 낯설 것이다. 지금껏 근로소득을 수년간 받아 왔어도 본인의 관할세무서가 어딘지조차 모르는 경우도 허다하기 때문이다. 이는 근로소득만 있는 경우에는 다음 연도 초에 연말정산을 통해 세금을 신고하는 것으로 갈음할 수 있기 때문이다.

결국 우리가 흔히 접하는 주요한 세금들은 가만히 있으면 고지서가 발송되고 고지서에 나와 있는 납부기한까지 납부하면 되는 고지납부보다는 특정 신고기한까지 소득금액을 신고한 후 납부까지 본인이 자율적으로 해야 하는 신고납부가 일반적이라는 사실을 잊어서는 안 되겠다.

다양한 세금의 종류

과세권자에 따른 분류

우리나라의 세금은 가장 크게 분류하면 국세와 지방세로 나눌 수 있다. 국세는 중앙정부에 납부하는 세금으로 국세청을 통해 부과, 징수, 납부 등이 이루어지며, 지방세는 지방자치단체의 운영 등을 위해 지방자치단체가 징수하는 세금이다.

국세는 보통 1세목 1세법주의에 의해 부과 대상에 따라 각각의 세법이 존재한다. 국세에 관한 법률에는 「법인세법」, 「소득세법」, 「부가가치세법」 등이 있으며 이들은 각각 법인의 소득, 개인의 소득, 부가가치대상인 재화용역의 공급을 그 과세대상으로 하고 있다. 다만 예외적으로

「상속세 및 증여세법」은 1개의 법률로 상속과 증여라는 2개의 항목을 과세대상으로 한다.

이에 반해 지방세는 「지방세법」에 의해 지방자치단체가 부과·징수하는 세금으로 보통세와 목적세가 있다. 보통세에는 취득세, 등록세, 레저세, 면허세, 주민세, 재산세, 자동차세, 주행세, 담배소비세, 지방소득세, 지방소비세 등이 있고, 목적세에는 도시계획세, 공동시설세, 사업소세, 지역개발세, 지방교육세 등이 있다.

과세 방법에 따른 분류

조세는 과세 방법에 따라 직접세와 간접세로 분류되는데 이 둘은 기초대상과 국민경제적 영향에서 차이가 난다. 직접세는 예정된 담세자에게 직접 과세하여 납부시키는 것을 원칙으로 납세자와 담세자가 동일한 조세를 의미한다.

반면에, 간접세는 「조세법」에서 예정된 담세자에게 직접 과세하지 않고 과세의 기술상 조세가 전가될 것을 예상하고, 이것을 전제로 하여 과세물의 생산자 또는 취급 판매자에게 일괄 과세하여 납부시키고 과세금액만큼은 상품가격의 인상을 통해 담세자에게 세금의 부담을 전가하는 조세를 의미한다.

소득이나 재산을 과세물건으로 하는 소득세, 이윤세, 수익세, 재산세가 직접세에 해당된다. 직접세는 가계 및 기업의 소득 중에서 정부부문으로 직접 이전시키므로 생산 및 유통의 교란 정도가 작고, 부담 능력에 따른 과세가 가능하고, 자원 배분의 역할을 하며, 수입의 안정성을 유지할 수 있다. 그러나 납세의무자의 납세도의가 요구되며, 발달된 징세기술 및 기구가 필요하다.

구체적인 세목의 소개

1. 국세기본법

「국세기본법」은 국세에 관한 기본적인 사항 및 공통적인 사항과 위법 또는 부당한 국세처분에 대한 불복절차를 규정함으로써 국세에 관한 법률관계를 확실하게 하고, 과세의 공정을 도모하며, 국민이 납세의무를 원활히 이행하는 데 기여함을 목적으로 하고 있다.

우리나라의 국세에 관하여는 세목마다 별개의 법률이 제정되어 있으며 이를 '1세목 1세법주의'라고 한다. 이렇게 1세목 1세법주의를 채택하고 있는 경우에는 기본적이고 공통적인 사항 및 조세 구제절차를 각 세법마다 규정함에 따라 발생하는 중복을 피하고 일관된 체계를 유지하기 위해 총칙법이 필요해진다.

2. 법인세

개인의 소득에 대하여 소득세가 부과되는 것과 같이 주식회사와 같은 법인기업에서 생긴 소득에 대하여 부과되는 조세를 법인세라 한다. 수득세 체계에 속하는 소득세의 일종으로서 법인의 소득에 대해 부과하는 조세이다. 법인세는 납세자와 담세자가 동일한 직접세이다.

법인세는 주식회사와 같은 법인기업의 소득에 대하여 부과하는 세금을 말한다. 기업은 각 사업연도의 순손익을 기준으로 하여 과세소득금액을 계산하고, 이것에 소정의 세율을 곱하여 당기에 부담하여야 할 법인세액을 계산한다.

3. 소득세

개인의 수입을 종합적으로 파악하여 이것을 개인의 소득으로 하고 소득을 직접 과세객체로 하여 과세하는 조세를 말한다. 소득세는 조세에 의한 재정정책을 통하여 공공목적을 위한 자원배분, 소득재분배, 경기변동의 안정 등이라는 면에서 적합한 기능을 수행하는 세로서 조세 체계의 중심적 지위를 차지한다.

소득세는 개인의 소득을 과세표준으로 하여 부과하는 직접국세를 뜻한다. 또한 국민경제적 입장에서 보면 소득세는 가계에 귀속된 분배소득에 대하여 과세되는 조세이다. 소득세의 과세대상이 되는 개인소득은 그 종류에 따라 종합소득(이자소득, 배당소득, 사업소득, 근로소득, 연금소득 및 기타소득), 퇴직소득, 양도소득 등으로 분류된다.

소득세 과세의 특징으로는, 개인에 귀속되는 모든 소득을 결합하여 단일세율을 적용하는 종합과세 제도, 자산 및 불로소득에 중과하는 차별과세 제도, 소득 규모가 증가함에 따라 세금 부담도 늘어나는 초과누진세율 제도를 들 수 있다.

4. 부가가치세

부가가치세는 재화·용역이 생산되거나 유통되는 모든 단계에서 생기는 부가가치를 대상으로 과세하는 간접세이다. 부가가치세는 일반소비세로서 최종소비자가 그 담세자가 되며, 사업자가 조세 징수를 대행한다. 부가가치는 기업의 재화·용역 매출액에서 매입액을 공제하여 계산하는 공제법에 의해 계산한다. 따라서 부가가치세는 부가가치에 세율을 곱하여 산출하는데, 공제법의 원리에 의하면 부가가치세는 매출세액에서 매입세액을 공제한 금액이 된다.

5. 상속세

상속개시라는 사실에 따라 피상속인으로부터 상속인에게 이전하는 재산에 대하여 그 재산가액을 과세표준으로 하여 상속인에게 과세하는 조세를 상속세라고 한다. 현행 상속세 제도는 피상속인의 유산액을 과세표준으로 하여 과세하는 유산세 체계를 채택하고 있으며, 불로취득 재산이라는 점에서 고율의 누진세를 적용하고 있다. 그리고 상속세 납부는 연부연납과 물납제를 인정하는 것이 특징이다.

「상속세법」에는 보통의 상속 이외에 상속이 있는 것으로 보고 증여세를 부과하는 경우가 있다. 따라서 상속세는 영속성이 없는 조세이며, 불로소득에 대한 과세이다. 그리고 부의 집중을 막고 소득을 분배하는 효과가 있으며, 상속인의 생존 시에 발생한 과세탈루를 보완한다(「상속세 및 증여세법」 제1조 · 제26조 · 제71조 · 제73조).

6. 증여세

타인으로부터 무상으로 재산을 취득하는 경우, 그 취득자에게 증여받는 재산가액을 과세표준으로 하여 부과하는 조세를 증여세라고 말한다. 개인이 증여로 인해 재산을 취득한 경우, 그 취득재산가액을 표준하여 과세하는 조세이다.

증여에 대하여 증여세를 부과하는 것은 증여와 상속이 생전과 사후의 차이가 있을 뿐 재산의 무상이전이라는 공통점이 있으므로, 상속에 대하여 상속세를 부과하는 것과 형평을 맞춤으로써 생전증여를 통한 상속세의 회피를 방지하기 위한 것이다. 따라서 증여세는 상속세를 보완하는 의미가 있다.

증여세는 국세이며, 보통세이고, 직접세이다. 증여를 받은 자, 즉 수증자가 납세의무자가 되며, 증여자는 이 증여세에 대해 연대납부의 책임을 진다. 이 경우 친족으로부터 증여를 받은 경우에는 금액을 과세가액에서 공제하기도 한다. 이 증여세는 세목별로 세법을 따로 두지 않고

「상속세 및 증여세법」에 규정하고 있다.

7. 지방세

지방세는 지방자치단체가 국가로부터 나누어 받은 과세권에 따라 지방재정수입에 충당하기 위해 관할구역 내의 주민, 재산 또는 수익, 기타 특정행위에 대하여 아무런 대가적 보상 없이 강제적으로 과징하는 조세이다. 지방세는 과세권의 주체가 지방자치단체라는 점에서 과세권의 주체가 국가인 국세와 구별된다.

지방세는 다시 과세권의 주체에 따라 도세와 시·군세로 구분되며, 그 수입의 용도에 따라 재원별로 구분하여 일반재원에 충당되는 것을 보통세라 하고, 특정 목적에 충당되는 것을 목적세라 한다.

법인세는 누가 언제 내는가?

법인이란?

이 책은 주로 직장인이 직면하는 여러 가지 세금에 대하여 소개하려는 의도로 집필되었다. 따라서 주요 세목 중 법인세와 부가가치세는 이번 장에서 간단히 소개하고자 한다.

법인세의 납세의무자는 법인이다. 법인이란 자연인 이외에 법률에 의해 권리능력을 인정한 법적 인격자를 말한다. 우리가 흔히 생각하는 기업이 법인이라고 여기면 되나, 여기서 개인기업 형태는 제외한다. 사회에서 법적 활동을 하는 것은 자연인만이 아니고, 일정한 목적으로 결합한 사람의 단체(사단)나 재산(재단)도 권리·의무관계를 가지는 법적 활동을 한다. 이와 같은 사단 또는 재단에 법적 인격을 부여하여 권리·의무의 주체가 될 수 있게 한 것이 법인이다.

법인세를 납부해야 할 조세주체, 즉 납세의무자는 법인이 된다. 법인은 본점 또는 주사무소의 소재지가 어디인가에 따라 내국법인과 외국법인으로 분류하고 영리목적의 유무에 따라 영리법인과 비영리법인으로 분류하는데, 「법인세법」상 이처럼 법인을 분류하는 것은 법인의 유형별로 과세범위를 달리하고 있기 때문이다.

		영리 내국법인
	내국법인	비영리 내국법인
		국가·지방자치단체
법인		
	외국법인	영리 외국법인
		비영리 외국법인

법인의 유형

법인세는 어떻게 산정되는가?

법인세는 간단히 '기업이 납부하는 세금'으로 이해해도 될 것이다. 이때 법인세를 구하는 방법에는 크게 직접법과 간접법이 있다.

GAAP(회계, 결산, 장부)	
수익	100
비용	−80
당기순이익	20

세무조정
익금산입 20, 손금불산입 40
손금산입 −30, 익금불산입 −10

TAX(세법)	
익금	110
손금	−70
각사업연도 소득	40

가산조정 +60
차감조정 −40

법인세를 구하는 방법

위의 그림에서 보듯이 간접법은 재무회계의 결산자료를 이용하여 산정하는 방식을 의미한다. 즉 재무회계를 통하여 한 회사의 당기순이익이 도출되면 이를 토대로 기업회계와 세법과의 차이만을 조정해 주는 '세무조정'을 통하여 「법인세법」에서 당기순이익 개념인 '각사업연도 소득금액'을 산정할 수 있다. 여기에 이월결손금 등을 차감하여 얻은 과세표준에 2억 원까지 10%, 2억 원 초과분에 22%의 세율을 곱하면 법인세 산출세액을 얻을 수 있다.

개인의 소득에 대하여 과세하는 소득세가 「소득세법」 상에서 열거한 소득에 한하여 과세하는 소득원천설에 의한 손익측정방법을 택하고 있는 데 반하여, 법인세는 각 사업연도의 소득금액을 계산하면서 순자산이 증가되는 것을 기준으로 하는 순자산증가설에 의한 손익의 측정방법을 택하고 있다.

이를 포괄주의라고도 부르는데, 앞에서 설명한 대로 개인은 용돈이라는 소득이 과세로 규정되어 있거나 열거되어 있는지의 여부가 중요한 의미를 차지할 수도 있으나 법인은 특정 소득이 증가하였다면 이는 곧 순자산의 증가로 볼 수 있으므로 특별하게 익금불산입 항목이라는 규정이 없는 한 그대로 과세된다고 볼 수 있다.

눈에 보이지 않는 세금, 부가가치세

억울한 세금, 부가가치세?

다음과 같은 상황을 가정해 보자.

B마트는 A제과사로부터 초코파이 2,000원어치 한 박스를 구입해서 최종소비자에게 3,000원에 판매한다. 하지만 초코파이가 「부가가치세법」에서 규정한 면세품이 아니라면 A제과사로부터 초코파이 자체에 대한 물건값은 1,818원에 사서 최종소비자에게는 이를 2,727원으로 판 셈이다. 즉 부가가치세는 특별히 면세이거나 영세라는 규정이 없다면 우리가 사용하는 모든 재화나 용역의 대가에 이미 10%가 과세되어 있는 '불인지세'의 일종이라고 할 수 있다.

부가가치세가 처음 도입되었던 1970년대만 해도, 부가가치세가 있기 전에 비하여 시중에서 거래되는 재화와 용역의 소비자 가격이 10%가 일시에 인상되는 효과가 있었을 것이다. 당시의 일화를 전하자면, 국민들이 10%의 추가 부가가치세 과세에 대한 저항이 있어서 정부에서 대한뉴스 등을 통해 홍보하였다고 한다. 즉 선남선녀가 재화나 용역을 거래할 때 공급받는 자(매수하는 쪽)가 재화나 용역에 대한 대가를 주면 공급자(매도하는 쪽)가 부가가치세 10%를 추가로 더 요구하면서 대신 세금계산서를 발행해 주는 모습을 대한뉴스 등에서 자주 볼 수 있었다고 한다.

부가가치세는 어떻게 산정되는가?

부가가치세를 알기 위해서는 부가가치 과세표준에 대한 이해가 선행되어야 한다. 과세표준이란 납세의무자에게 구체적인 납세의무를 부과할 때 세액계산의 기준이 되는 과세객체(과세대상)의 금액을 말한다. 부가가치세의 이론적인 과세표준은 사업자가 재화 또는 용역의 생산·유통과정에서 부가한 가치, 즉 급료, 임대료, 이자, 이

윤 등 요소소득의 합계액이 된다.

그러나 실제 운용상 각 사업자의 부가가치를 계산하기란 쉬운 일이 아니므로 납부세액 또는 환급세액의 계산을 전단계세액공제방식에 의하고 있다. 즉, 사업자가 재화·용역을 공급할 때에 거래상대방으로부터 징수한 매출세액에서 공급받을 때에 징수당한 매입세액을 공제하는 방법으로 계산하고 있다. 이를 식으로 표시하면 다음과 같다.

$$매출세액 - 매입세액 = 납부(환급)세액$$

이러한 방식에 의한 부가가치세의 과세표준은 부가가치가 아니라 매출 또는 매입세액을 산출하는 기준금액이 되며, 부가가치세의 이론적인 과세표준인 부가가치는 이러한 계산의 결과로서 나타난다.

$$매출세액 - 매입세액 = 매출금액 \times 세율 - 매입금액 \times 세율$$
$$= (매출금액 - 매입금액) \times 세율 = 부가가치 \times 세율$$

결국 전단계 세액공제방식에서도 납부세액은 각 거래단

계의 부가가치에 대하여 세율을 곱한 금액(가산법)과 일치하게 되므로 결과적으로 부가가치가 과세표준이 된다.

우리나라의 부가가치세율

우리나라 부가가치세의 납세의무자는 일반과세자와 간이과세자로 구성되어 있지만, 세율구조는 원칙적으로 비례세율을 적용하고 있다. 사업자가 일반과세자이거나 간이과세자이거나 간에 공급하는 재화 또는 용역의 종류, 즉 사치성, 고가성 등과 관계없이 동일하게 단순비례세율인 10%의 세율을 적용하고 있다.

10%의 단일세율과 크게 구분되는 것이 바로 영세율이다. 영세율은 과세표준에 대한 세액이 '0'이 되게 하는 세율을 말한다. 이때 적용되는 세율은 0%가 된다. 이 세율은 국제적 이중과세의 방지와 수출 촉진을 위해 수출하는 재화, 국외에서 제공하는 용역, 선박 또는 항공기의 외국항행용역, 기타 외화를 획득하는 재화 또는 용역에 대하여 적용한다. 이때 영세율을 적용받는 사업자는 부가가치세 과세사업자로서 수출 등과 관련된 재화 등의 매출세액은 '0'이 되지만, 수출 재화 등의 부가가치를 창출

하기 위해 투입된 재화 또는 용역과 관련되어 거래징수당한 매입세액은 환급받게 된다.

부가가치세를 과세하지 않는 경우도 있다?

영세율와 달리 부가가치세에는 면세라는 개념이 존재한다. 면세란 법률상의 납세의무를 면제하는 것으로 조세의 보편원칙에 따라 모든 사람에게 적용하고 있다. 면세제도는 조세의 전부에 대한 납부의무를 면제하는 것을 의미한다.

「부가가치세법」에서 면세라 함은 재화 또는 용역의 공급에 대하여 부가가치세의 납세의무를 면제하는 것을 말한다. 부가가치세는 원칙적으로 모든 재화와 용역의 공급에 대하여 과세하지만 소비자의 부가가치세 부담을 경감시키기 위해 예외적으로 면세제도를 두고 있다. 또한 부수적으로 소비자에 대한 역진성(소득이 늘면 세금도 늘어야 하는데 그렇지 않은 경우)을 완화하기 위해 또는 여러 가지 사회·문화·자선·종교·공익상의 정책적 목적 달성을 위해 설정하고 있다.

「부가가치세법」상 면세의 가장 전형적인 예시는 기초

생활필수품이라고 할 수 있다. 여기에는 가공되지 않은 식료품(식용으로 쓰이는 농산물, 축산물, 수산물과 임산물을 포함) 및 우리나라에서 생산된 식용으로 쓰이지 않는 농산물, 축산물, 수산물과 임산물로서 가공되지 않거나 탈곡, 정미, 정맥, 제분, 정육, 건조, 냉동, 염장, 포장 기타 원생산물의 본래의 성질이 변하지 않는 정도의 1차 가공을 거쳐 식용으로 쓰이는 것들이 있다. 그 외에도 수돗물이나 버스, 기차, 우표, 여성용 생리용품 등도 일상생활에 꼭 필요한 기초생활필수품으로 지정되어 「부가가치세법」상 면세가 된다는 혜택이 있다.

Seven Days Master Series

7

step 2

개인이
꼭 알아야
하는
종합소득세

　세금의 종류가 여러 가지이다 보니 개인이 납부해야 하는 개인소득세가 무엇인지를 파악하는 것도 쉬운 일은 아니다. 앞서 알아본 대로 소득에 대하여 세금을 납부해야 하는 것이 원칙인데, 이때 그 소득을 번 사람의 주체가 '개인'이면 개인소득세를 납부하는 것이고 그 주체가 '법인'이면 법인소득세를 납부한다. 하지만 실무상에서는 편의를 위해 개인소득세를 소득세라고 부르고 법인소득세를 법인세라고 부른다.

종합과세 vs. 분류과세

개인소득세는 다시 종합소득과 분류소득으로 나뉜다. 「소득세법」은 각종 소득을 당해소득의 발생원천 또는 양태나 그 성질에 따라 이자소득, 배당소득, 사업소득, 근로소득, 연금소득, 기타소득, 퇴직소득, 양도소득 등 8가지로 구분하고 있다. 이 중 이자소득, 배당소득, 사업소득, 근로소득, 연금소득, 기타소득 등 6가지 소득을 종합소득이라 하며, 이들을 모아 1년에 한 번 종합과세하여 산출된 세액을 종합소득세라 한다. 종합소득세는 개인의 담세력에 적합한 공평과세를 할 수 있고 수입의 신축성이 풍부하여 재정수요의 증감에 적응하는 데 용이하다.

또한 이는 다음과 같은 장단점을 가지고 있다. 장점은 누진세율을 적용할 수 있으며, 최저생활비에 대해 면세할 수 있고 국가의 공동수요를 충족하기 위한 과세의 신축성을 기할 수 있다는 것이다. 단점은 개인소득의 정확한 파악이 어렵고, 세원조사로 인하여 영업의 비밀이나 사생활을 침해할 우려가 있다는 것이다.

이에 반하여 분류과세란 소득세의 과세에 소득종류별, 발생장소별로 과세표준과 세액을 계산하여 과세하는 방식으로서 종합과세에 대응하는 표현이다. 분류과세 방법에 의한 과세는 소득종류별, 발생원천별로 과세하므로 종합과세방법에 비하여 부과징수에 편리하고 과세누락 방지는 용이하나 소득종류 간에 차별과세가 불가피하며, 이에 따라 소득계층 간에 세금 부담의 불공평을 가져올 수 있다.

우리나라의 분류과세에는 퇴직소득과 양도소득이 있다. 이 2가지 세금의 특징은 매년 발생하는 것이 아니라 몇 년 동안 누적된 금액이 일시에 실현되는 특징이 있다. 이를 분류하여 과세하지 않고 만약 본인의 다른 종합소득과 합산해서 과세해 버린다면 본인의 다른 종합소득마저도 소득세 최고세율인 35%로 과세당할 우려가 있다.

소득세	법인(소득)세		
	(개인)소득세	종합과세	이자소득
			배당소득
			사업소득
			근로소득
			연금소득
			기타소득
		분류과세	퇴직소득
			양도소득

소득세의 분류체계

우리나라의 소득세율은 4단계 초과누진세율제도를 택하고 있다. 여기서 누진세율이란 과세표준금액이 커짐에 따라 점차 높은 세율이 적용되는 세율구조를 말한다. 누진세율에는 하나의 과세표준에 대하여 누진세율을 적용하는 단순누진율과 과세표준을 몇 단계로 구분하여 적용하는 초과누진율이 있다.

우리나라에서 종합소득에 대한 소득세는 당해 연도의 종합소득과세표준에 다음의 세율을 적용하여 계산한 금액을 그 세액으로 한다.

2010년 1월 1일부터 2011년 12월 31일까지의 기간에 발생하는 소득

종합소득과세표준	세율
1,200만 원 이하	과세표준의 100분의 6
1,200만 원 초과 4,600만 원 이하	72만 원+(1,200만 원을 초과하는 금액의 100분의 15)
4,600만 원 초과 8,800만 원 이하	582만 원+(4,600만 원을 초과하는 금액의 100분의 24)
8,800만 원 초과	1,590만 원+(8,800만 원을 초과하는 금액의 100분의 35)

2012년 1월 1일 이후 발생하는 소득분

종합소득과세표준	세율
1,200만 원 이하	과세표준의 100분의 6
1,200만 원 초과 4,600만 원 이하	72만 원+(1,200만 원을 초과하는 금액의 100분의 15)
4,600만 원 초과 8,800만 원 이하	582만 원+(4,600만 원을 초과하는 금액의 100분의 24)
8,800만 원 초과	1,590만 원+(8,800만 원을 초과하는 금액의 100분의 33)

종합과세와 분류과세의 비교

앞서 양도소득은 분류과세라고 하였는데, 그 이유는 이런 양도소득이 분류과세되지 않고 다른 종합소득과 합산되어 종합과세되면 초과누진세율에 따라 다른 종합소득마저 최고세율로 과세되기 때문이라고 설명하였다.

예를 들어 갑이 올해 보유하고 있던 건물을 처분하여 3억 원의 양도소득이 발생하였다고 하자. 그리고 본인의 연간 근로소득금액은 4,000만 원이라고 가정할 경우 이 2가지 소득이 종합과세되는 경우와 분류과세되는 경우 갑의 세 부담을 비교해 보면 다음과 같다.

1. 둘 다 종합과세되는 경우
    3억 4,000만 원(종합소득 공제는 없는 것으로 가정함)
    1,590만 원+(2억 5,200만 원×100분의 35)
    1억 410만 원

2. 각각 종합과세, 분류과세되는 경우
    4,000만 원(종합소득 공제는 없는 것으로 가정함)
    72만원+(2,800만 원×100분의 15)
    492만 원

    3억 원(다른 필요경비 등은 없는 것으로 가정함)
    1,590만 원+(2억 1,200만 원×100분의 35)
    9,010만 원

이때 2의 총 산출세액은 492만 원+9,010만 원=9,502만 원임을 알 수 있다. 이는 1의 산출세액인 1억 410만 원보다 908만 원 적은 수치로서 이렇듯 퇴직소득과 양도소득같이 일시에 실현되는 큰 금액은 종합과세로서 다른 소득과 합산하여 과세하는 것보다 분류과세로서 별도의 과세표준 및 세율을 적용하는 것이 갑의 세금 부담을 감소해 줄 수 있는 방법이 된다.

종합소득의 계산구조에 대해

종합소득세의 계산구조

앞서 설명한 대로 종합소득세는 이자소득, 배당소득, 사업소득, 근로소득, 연금소득, 기타소득 등의 6가지로 구성되어 있다. 한 개인에게 1년 동안 발생한 이 6가지 소득을 연말에 종합적으로 합산하면 종합소득금액이 산출된다.

종합소득금액(=이자소득금액+배당소득금액+사업소득금액

+근로소득금액+연금소득금액+기타소득금액)―종합소득공제

=종합소득과세표준×기본세율(4단계)

=종합소득산출세액

종합소득산출세액을 구한 후에도 세액공제나 세액감면, 기납부세액 등을 차감하고 가산세 등을 더해야 다음 해 5월에 세무서에 납부해야 할 '차가감소득금액'이 나온다. 그러면 여기서 다음 해 5월에 세무서에 납부해야 한다는 의미는 무엇일까?

종합소득세 신고 및 납부방법

소득세의 과세기간은 1월 1일부터 12월 31일까지 1년으로 한다. 따라서 사업소득자가 연도 중에 사업을 개시하거나 폐업한 경우에도 과세기간은 1월 1일부터 12월 31일까지가 된다. 이러한 종합소득을 다음 연도 5월 31일까지 납세지 관할세무서에 신고 및 납부해야 하는 것이다.

또한 이때 개인의 소득세 납세지는 그 주소지로 한다. 다만, 주소지가 없는 경우에는 그 거소지로 할 수도 있다. 납세지가 불분명한 경우로서 주소지가 두 곳 이상인 때에는 「주민등록법」에 의해 등록된 곳을 납세지로 하고, 거소지가 두 곳 이상인 때에는 생활관계가 보다 밀접한 곳을 납세지로 한다. 그리고 개인의 취학, 질병의 요양, 근무상 또는 사업상의 형편으로 일시 퇴거한 경우에는 본래의 주소지 또는 거소지를 납세지로 한다.

원천징수에 대하여

「소득세법」에서는 원천징수를 광범위하게 규정하고 실제 적용하고 있다. 왜냐하면 우리나라에서 「소득세법」상 납세의무가 있는 사람은 수천만 명에 이를 텐데 이들이 자발적으로 다음 해 5월까지 본인의 소득세를 '신고 및 납부'할 것이라고 기대하기도 어려울 뿐만 아니라, 실제로 이렇게 개별적으로 신고 및 납부를 한다면 관할 세무서는 매년 5월이면 말 그대로 '북새통'을 이룰 것이기 뻔하기 때문이다.

원천징수란 세법에 규정하는 징수의무자가 거래를 할 때마다 법에 정해진 바에 따라 거래상대방의 세금을 징수하여 국고에 납부하는 제도를 말하며, 조세의 징수방법 중 하나이다. 즉 원천징수는 우리가 상식으로 알고 있는 '세금은 번 쪽에서 낸다'는 큰 틀에서 볼 때 틀린 말은 아니지만, 오히려 소득이나 수익을 '지급하는 쪽'에서 세금의 일부를 떼어낸 후 지급하는 방법을 말한다. 다시 말해서 조세를 징수할 때 편의상 본래의 납세의무자가 직접 납세하지 않고 납세의무자에게 소득을 지급하는 자가 지급하는 금액을 과세표준으로 하여 계산한 조세상당액을 지급하는 소득 중에서 원천징수하여 국고에 납부하는 제도이다. 그리고 이 조세를 원천징수하여야 할 의무가 있는 소득지급자를 원천징수의무자라고 한다.

원천징수는 세금이 확실하게 징수되며 소득을 지급받은 때 세금이 이미 징수되었으므로 담세자의 세금에 대한 부담감이 비교적 가볍게 느껴지는 등의 장점이 있다. 봉급생활을 하는 근로소득자의 경우 봉급에 대한 세금은 기업에서 계산하여 봉급에서 떼어 납부하게 되며, 예금이나 사채이자도 이자를 지불하는 쪽에서 원천징수하도록 되어 있다. 원천징수의무자는 원천징수한 소득세를 그 징수일이 속하는 달의 다음 달 10일까지 국고에 납부하여야 한다. 만약에 징수의무자가 납부하여야 할 소정의 세액을 법정기한까지 완납하지 않았을 경우에는 각각의 경우에 따라 '원천징수납부 불성실가산세'를 납부하여야 한다.

원천징수의 납세지

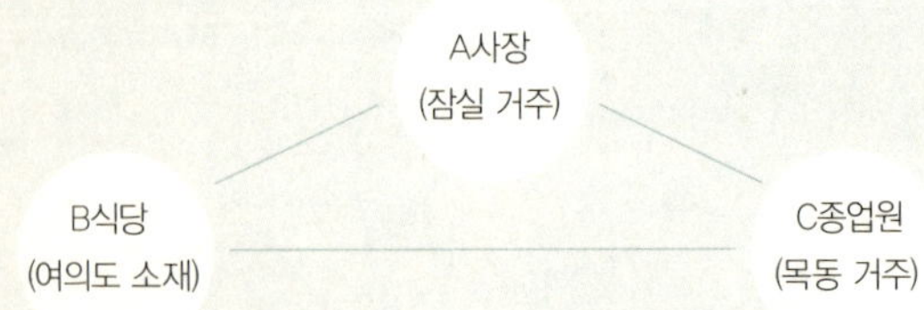

만약 잠실에 거주하는 A사장이 여의도에 B식당을 운영하고 있고, 목동에 거주하는 C가 여의도 식당에서 종업원으로 일하고 있다고 가정하자.

1. A사장이 연간 5,000만 원의 사업소득세 납부의무가 있다면 A사장의 사업소득세 납세지는 어느 곳인가?
2. C종업원이 연간 300만 원의 근로소득세 납부의무가 있다면 C종업원의 근로소득 납세지는 어느 곳인가?
3. A사장이 C종업원에게 매달 300만 원의 근로소득을 지급하면서 20만 원의 원천징수를 한다면 A사장이 C종업원의 원천징수액을 납부해야 할 납세지는 어느 곳인가?

답 1. 일반적으로 종합소득은 주소지에 신고납부하는 것이 원칙이므로 송파세무서가 된다.
2. 일반적으로 종합소득은 주소지에 신고납부하는 것이 원칙이므로 양천세무서가 된다.
3. 원천징수한 금액은 원천징수의무자의 주사무소에 신고납부하는 것이 원칙으로 영등포세무서가 된다.

step 2. 개인이 꼭 알아야 하는 종합소득세

알아두면 좋은 종합소득세

그 외의 종합소득세

이 책은 개인의 소득세 문제를 알기 쉽게 풀이하고 있다. 그 가운데 개인이 좀 더 관심을 가질 만한 근로소득세, 양도소득세, 상속증여세 등에 대해서는 비중을 더 크게 다룰 예정이므로 여기서는 그 외에 알아두면 좋은 종합소득세에 대하여 살펴보고자 한다.

이자소득금액

쉽게 말해서 이자가 이자소득이 된다. 이자란 자본의 사용대가로 원본금액과 사용기간에 비례하여 지급되는 금전 기타 대체물을 말하며, 이러한 자본(자금)의 이용관계로 인하여 발생하는 소득을 이자소득이라고 한다. 기업회계 기준상 이자수익은 수익금액을 신뢰성 있게 측정할 수 있고, 경제적 효익의 유입 가능성이 매우 크며, 유효이자율을 적용하여 그것이 발생한 기간에 정확하게 배분하여 수익으로 인식한다.

「소득세법」에서는 이자소득으로서 과세대상소득으로 열거된 것에 한하여 이자소득이 되며, 특히 이자소득에 대하여는 필요경비를 인정하지 않으므로 이자소득(이자수입금액)이 동시에 이자소득금액이 된다. 현행법상 이자소득에 대한 총수입금액의 계산은 원칙적으로 당해 연도에 수입하였거나 수입할 금액의 합계액으로 한다. 즉 이자, 할인액 및 이익을 말한다.

이자소득금액의 범위는 다음과 같다.

1. 국가 또는 지방자치단체가 발행한 채권 또는 증권의 이자와 할인액
2. 내국법인이 발행한 채권 또는 증권의 이자와 할인액
3. 국내에서 지급받는 예금의 이자와 할인액
4. 「상호저축은행법」에 의한 신용계 또는 신용부금으로 인한 이익

5. 외국법인의 국내지점 또는 국내영업소에서 발행한
   채권이나 증권의 이자와 할인액

6. 외국법인이 발행한 채권 또는 증권의 이자와 할인액

7. 국외에서 받는 예금의 이자

8. 채권 또는 증권의 환매조건부 매매차익

9. 직장공제회 초과반환금

10. 비영업대금의 이익

11. 유사 이자소득

배당소득은 법인이나 법인으로 보는 단체로부터 주주나 출자자가 투자비율에 따라 분배받는 이익을 말한다. 통상 배당이라고 할 때는 이익배당을 말하며, 이익배당은 그 형태에 따라 현금배당과 주식배당으로 나뉜다. 그러나 조세관련 법령에서 배당소득은 그 범위가 다르다. 「소득세법」상 배당소득은 위와 같은 통상적인 배당소득 외에 의제배당이나 「법인세법」에 의해 배당으로 처분된 금액 등도 배당소득으로 보아 과세한다. 의제배당은 이익배당의 형태로 금전이나 주식을 지급하지는 않았지만, 잉

여금의 자본전입 등과 같이 실질적으로 배당한 것과 같은 경제적 이익을 얻게 되는 경우에 배당으로 간주하는 것을 말한다. 이는 이익배당에 대한 합법적인 과세탈루를 막아 배당소득 과세의 실효를 기하기 위한 것이다. 일반적으로 주식회사의 이익배당금이나 합자회사·합명회사의 이익분배금, 법인의 자본전입으로 인한 무상주식 등의 소득을 말한다.

배당소득금액의 범위는 다음과 같다.

1. 이익배당
2. 건설이자의 배당
3. 법인으로 보는 단체로부터 받는 배당 또는 분배금
4. 의제배당
5. 인정배당
6. 국내·국외에서 받는 집합투자기구로부터의 이익
7. 외국법인으로부터의 배당
8. 간주배당
9. 출자공동사업자의 배당
10. 유사배당

이자소득과 배당소득을 금융소득이라고 부른다. 금융소득은 종합소득을 구성하는 소득으로 종합소득에 합산되는 것이 원칙이다. 그러나 예외적으로 종합소득에 합산하지 않고 분리하여 과세할 수가 있는데 이를 구분하여 설명하면 다음과 같다.

1. 종합과세대상 배당소득

금융소득 중 종합소득에 합산되는 금융소득은 그 금융소득의 성격에 따라 무조건 합산되는 당연종합과세 대상과 일정 요건에 해당하는 경우 합산되는 조건부종합과세 대상으로 나뉜다. 이 가운데 조건부종합과세대상은 연간의 금융소득을 합산하여 그 합계액이 4,000만 원을 초과하는 경우에만 종합과세된다.

당연종합과세와 조건부종합과세로 구분되지 않은 소득을 '분리과세금융소득'이라고 하는데, 분리과세금융소득은 금액을 떠나서 언제나 분리과세가 되는, 일반적으로 유리하다고 인식되는 금융소득으로 구성되어 있다.

다음의 금융소득금액은 4,000만 원 초과 여부에 관계없이 종합소득과세표준계산에서 이를 합산하지 않는 분리과세대상 금융소득이 된다.

1. 법인격 없는 단체의 배당소득
2. 금융소득종합과세 기준금액 이하의 배당소득
3. 비실명배당소득
4. 직장공제회초과반환금 이자소득
5. 장기보유주식의 배당소득
6. 세금우대종합저축의 배당
7. 영농·영어조합법인의 배당소득
8. 선박투자회사로부터 지급받는 배당소득 등

연금소득금액

종진에는 연금기여금을 납부하는 경우에 소득공제를 인정하지 않고 나중에 연금을 수령하는 경우에도 이를 과세하지 않았다. 그러나 연금인구가 증가하고 연금소득의 비중이 커짐에 따라 소득 종류 간 과세형평을 위해 연금기여금을 납부하는 경우 그 납부액 전액을 소득공제하고 연금을 수령하는 경우에는 연금소득으로 과세하도록 하였다. 이러한 연금소득은 공적연금소득인 국민연금 및 공무원연금 등과 사적연금소득인 퇴직연금과 개인연금(「조세특례제한법」상 연금저축)으로 분류할 수 있다.

연금소득 또한 근로소득과 마찬가지로 실제 소요된 필요경비를 계산하기 어렵기 때문에 일정한 금액을 필요경비로 인정(연금소득공제라 한다)하여 총연금액에서 연금소득공제액을 뺀 금액인 연금소득금액을 종합소득에 합산하여 과세하고 있다. 다만 총연금액이 600만 원 이하인 경우 분리과세 선택이 가능하다.

연금소득의 범위는 다음과 같다.

1. 공적연금소득

① 국민연금소득

② 특수직역연금소득

　　「공무원연금법」, 「군인연금법」, 「사립학교교직원 연금법」 또는 「별정우체국법」에 따라 지급받는 각종 연금소득

2. 사적연금소득

① 퇴직보험연금소득

② 개인연금소득

　　2001년 1월 1일 이후에 최초로 가입하는 저축분부

터 연금소득으로 과세한다.

③ 퇴직연금소득

④ 기타 유사연금소득

기타소득금액

기타소득이란 이자소득, 배당소득, 사업소득, 근로소득, 연금소득, 퇴직소득, 양도소득 이외에 일시적·불규칙적으로 발생하는 소득을 말한다. 「소득세법」은 기타소득을 열거·규정하고 있다. 기타소득의 범위는 다음과 같다.

1. 상금, 현상금 등

2. 복권당첨소득 등

3. 사행행위 등에 의해 얻는 소득

4. 경마, 경륜 등의 환급금

5. 저작권사용료 등

6. 영화필름 등의 대여료 등

7. 무체재산권 등의 양도 및 대여료

8. 물품 등의 일시적 대여료

9. 지역권 등의 설정료

10. 위약금과 배상금

11. 유실물의 습득 등 보상금

12. 무주물 취득자산

13. 무상 또는 저가의 사용대가

14. 슬롯머신 등의 당첨금품

15. 일시적인 문예창작소득

16. 재산권에 관한 알선수수료

17. 사례금

18. 소기업, 소상공인 공제부금의 해지일시금

19. 일시적 인적용역대가

20. 「법인세법」에 의해 처분된 기타소득

21. 「조세특례제한법」 제86조의 2에 따른 연금저축의
    해지일시금

22. 주식매수선택권 행사이익

23. 뇌물

24. 알선수재 및 배임수재에 의해 받는 금품

25. 서화, 골동품의 양도로 발생하는 소득

Seven Days Master Series

7

step 3

꼼꼼히
챙겨야 할
근로소득세

내가 그렇게 만만하니?

종합소득자의 대부분을 차지하는 근로소득자는 아쉽게도 소득이 너무 쉽게 노출되어 흔히 '유리지갑'이라고 부른다. 하지만 세법에서는 우리가 생각하는 유리지갑보다 실은 훨씬 더 투명하고 많은 금액을 근로소득으로 보고 있다.

세법에서 근로소득의 범위는 고용계약 또는 이와 유사한 계약에 의해 '근로를 제공하고 받는 대가'를 모두 포함한다. 근로소득이란 근로자 등이 비독립적 지위에서 근로를 제공한 반대급부로 받은 대가로서 그 명칭에 관계없이 고용관계 기타 이와 유사한 계약에 의해 근로를 제공하고 지급받는 봉급, 상여, 수당 등 모든 대가를 말한다.

근로를 제공하고 받는 대가이면 어떠한 명칭 또는 형태로 받는 것이든지 모두 근로소득을 구성한다. 근로자 등이 받는 대가에는 근로 자체의 대가는 물론이고 어떤 근로를 전제로 하여 그와 밀접하게 관련되어 근로조건의 내용을 이루고 규칙적으로 지급되는 금전 등이 모두 포함된다.

근로소득의 분류

세법에서 이야기하는 근로소득은 다음과 같이 나눌 수 있다.

1. 근로소득의 구분

근로소득은 해당 과세기간에 발생한 다음의 소득으로 한다.

① 근로를 제공하고 받는 봉급, 급료, 보수, 세비, 임금, 상여, 수당과 이와 유사한 성질의 급여

② 법인의 주주총회, 사원총회 또는 이에 준하는 의결기관의 결의에 의해 상여로 받는 소득

③ 「법인세법」에 의해 상여로 처분된 금액

④ 퇴직으로 인하여 받는 소득으로 퇴직소득에 속하

지 않는 소득

상용근로자 vs. 일용근로자

최근에는 고용관계가 불안하다 보니 시간이나 성과 등
으로 고용계약을 체결하는 일용근로자의 수가 점점 증가
하고 있다. 세법에서는 상용근로자와 일용근로자의 과세
방법과 과세액이 크게 차이가 나므로 상용근로자와 일
용근로자를 정확히 구분할 수 있어야 한다.

1. 상용근로자

계속해서 고용되어 월정액으로 급여를 지급받는 근로
자로서 일용근로자에 해당되지 않는 자를 말한다. 종합
소득과세표준에 합산하여 신고해야 되나, 근로소득만 있
는 경우 연말정산으로서 과세의무를 종결한다.

2. 일용근로자

일용근로자라 함은 근로를 제공한 날 또는 시간에 따

라 근로대가를 계산하거나 근로를 제공한 날 또는 시간
의 근로성과에 따라 급여를 계산하여 받는 자로서 근로
계약에 따라 동일한 고용주에게 3개월 이상 계속하여 고
용되어 있지 않는 자를 말한다.

건설공사 및 하역작업에 종사하는 경우는 다음에 해
당하는 자를 일용근로자로 본다. 일용근로자의 소득금액
은 종합소득과세표준의 계산에 이를 합산하지 않고 원천
징수로서 과세의무를 종결한다.

1. 건설공사에 종사하는 자

   다음의 자를 제외한 자를 일용근로자로 본다.

   ① 동일한 고용주에게 계속하여 1년 이상 고용된 자

   ② 다음의 업무에 종사하기 위해 통상 동일한 고용
      주에게 계속하여 고용되는 자

      • 작업준비를 하고 노무에 종사하는 자를 직접
        지휘·감독하는 업무

      • 작업현장에서 필요한 기술적인 업무, 사무, 타
        자, 취사, 경비 등의 업무

      • 건설기계의 운전 또는 정비업무

2. 하역작업에 종사하는 자(항만근로자 포함)

다음의 자를 제외한 자를 일용근로자로 본다.

① 통상 근로를 제공한 날에 근로대가를 받지 않고 정기적으로 근로대가를 받는 자

② 다음의 업무에 종사하기 위해 통상 동일한 고용주에게 계속하여 고용되는 자

- 작업준비를 하고 노무에 종사하는 자를 직접 지휘·감독하는 업무
- 주된 기계의 운전 또는 정비업무

근로소득의 구체적 범위

급여 등

아래에 언급되는 금액들은 근로의 제공으로 인한 반대 급부로서 여러 가지 이름으로 근로자가 수령하는 금액을 일컫는다.

결론적으로 이러한 금액들은 급여의 형태로 근로자에게 지급되므로 근로소득을 구성하는 것이다.

1. 근로의 제공으로 인하여 받는 봉급, 급료, 보수, 세비, 임금, 상여, 수당과 이와 유사한 성질의 급여
2. 법인의 주주총회, 사원총회 또는 이에 준하는 의결

기관의 결의에 의해 상여로 받는 금액(잉여금 처분에
의한 상여)

3. 「법인세법」에 의해 상여로 처분된 금액(인정상여)

4. 근로수당, 가족수당, 전시수당, 물가수당, 출납수당,
직무수당, 기타 이와 유사한 성질의 급여(근속수당, 명
절휴가비, 연월차수당, 승무수당, 공무원의 연가보상비, 정
근수당 등)

5. 보험회사, 증권회사 또는 금융기관이 내근사원에게
지급하는 집금수당과 보험가입자의 모집, 증권매매
의 권유 또는 저축의 권장으로 인한 대가, 기타 이
와 유사한 성질의 급여

6. 급식수당, 주택수당, 피복수당, 기타 이와 유사한 성
질의 급여

7. 기술수당, 보건수당, 연구수당, 기타 이와 유사한 성
질의 급여

8. 시간 외 근무수당, 통근수당, 개근수당, 특별공로금,
기타 이와 유사한 성질의 급여(출퇴근 교통비 명목 및
체력단련비 명목으로 지급하는 금액 포함)

9. 벽지수당, 해외근무수당, 기타 이와 유사한 성질의
급여

아래에 언급되는 금액들은 '급여'라고 딱히 못 박은 채로 근로자에게 지급되는 것은 아니나 결국에는 급여에 일정 금액을 가산하여 올려 준 '급여성 이익'의 성격이 다분한 금액들이다.

이 역시 「소득세법」에서는 근로소득의 총 범위에 포함되는 것이 당연하다.

1. 기밀비, 판공비, 교제비, 기타 이와 유사한 명목으로 받은 것으로서 업무를 위해 사용된 것이 분명하지 않은 급여

2. 공로금, 위로금, 개업축하금, 학자금, 장학금, 기타 이와 유사한 성질의 급여(종업원의 수학 중인 자녀가 사용자로부터 받는 학자금, 장학금 포함)

3. 여비의 명목으로 지급되는 연액 또는 월액의 급여

4. 퇴직으로 받는 소득으로서 퇴직소득에 속하지 않는 퇴직위로금, 퇴직공로금, 기타 이와 유사한 성질의 급여

5. 휴가비, 기타 이와 유사한 성질의 급여

아래의 금액들은 급여 형태로 근로자에게 직접 지급되는 금액은 아니다. 하지만 그 성격을 생각해 보면 이를 지급받는 근로자 입장에서는 결국 본인이 고용되어 있는 회사를 통하여 지급받는 금액이면서 근로의 대가와도 무관하다고 볼 수 없는 성격의 금액들로 구성되어 있다.

1. 교직원의 자녀에 대한 등록금 면제액
2. 근로자가 부담할 소득세 등을 사용자가 부담한 경우 그 소득세액
3. 주택을 제공받음으로써 받는 이익. 다만, 근로소득으로 보지 아니하는 사택제공이익은 제외
4. 종업원이 주택(부수 토지 포함)의 구입 또는 임차에 소요되는 자금을 저리 또는 무상으로 대여받음으로써 얻는 이익
5. 종업원이 계약자이거나 종업원 또는 그 배우자와 기타의 가족을 수익자로 하는 보험, 신탁 또는 공제와 관련하여 사용자가 부담하는 보험료, 신탁부금 또는 공제부금
6. 퇴직보험, 퇴직일시금신탁이 해지되는 경우 종업원

에게 귀속되는 환급금. 다만, 환급금을 지급받는 때에 「근로기준법」에 의해 퇴직금을 중간정산하여 지급받는 경우는 제외

7. 계약기간 만료 전 또는 만기에 종업원에게 귀속되는 단체환급부 보장성보험의 환급금

8. 법인의 임원 또는 종업원이 당해 법인 또는 당해 법인과 특수관계에 있는 법인으로부터 부여받은 주식매수선택권을 해당 법인 등에서 근무하는 기간 중 행사함으로써 얻은 이익

기타 근로소득의 해당 여부

이 외에도 소득세법은 기타의 근로소득을 광범위하게 규정하고 있다.

1. 근로계약이 아닌 연수협약에 따라 연수생에게 지급하는 연수수당은 근로소득에 해당된다.

2. 강사가 지급받는 강사료의 근로소득 여부

강사료 수령 내용	소득 구분
학교에서 1학기 이상 시간강사로 고용되어 지급받는 강사료	근로소득
고용관계 없이 일시적으로 강의를 하고 받는 강사료	기타소득
독립된 자격으로 계속적·반복적으로 강의를 하고 받는 강사료	사업소득
학교와 학원이 계약을 체결하고 학원에 고용된 강사가 강의를 하고 그 대가를 학원이 받는 경우 (강사는 학원으로부터 대가 수령)	학원의 사업소득 학원으로부터 받는 강사의 대가는 근로소득

3. 고문계약에 따른 고문료에 대한 소득 구분

소득 구분	고문료 수령 내용
근로소득	근로계약에 의해 비상임 자문역으로 경영자문 용역을 제공하고 받는 고문료 고위공무원이 퇴직 후 변호사 등을 개업하지 않고 기업의 고문으로 임명되어 받는 고문료
사업소득	전문직 또는 컨설팅을 하는 사업자가 독립된 지위에서 경영자문용역을 제공하고 받는 고문료
기타소득	근로소득 또는 사업소득 외의 소득으로서 고용관계 없이 일시적으로 경영자문 용역을 제공하고 받는 고문료

비과세 근로소득에 대하여

비과세 근로소득이 왜 필요할까?

앞서 우리는 근로소득의 범위에 대하여 살펴보았다. 가뜩이나 유리지갑이라고 불평을 할 만한 근로소득자들은 생각보다 훨씬 더 많은 금액을 근로소득의 범위에 의해서 과세당할 수 있다.

이렇게 투명성이 보장되는 근로소득자의 소득은 사업소득자 등 기타소득자들이 세법에 노출되는 정도보다 더욱 많은 부분이 세법에 노출 및 과세당할 수 있다. 이런 단점을 보완하기 위해서 소득세법에는 다양한 비과세 근로소득을 규정하고 있다.

1. 복무 중인 병이 받는 급여 : 복무 중인 병은 병역의
무의 수행을 위해 징집·소집 또는 지원에 의해 복
무 중인 자로서 병장 이하의 현역병(본인이 지원하지
않고 임용된 하사 포함), 전투경찰순경, 교정시설경비
교도, 그 밖에 이에 준하는 자를 말한다.

2. 법률에 따라 동원된 자가 그 동원 직장에서 받는
급여

3. 「산업재해보상보험법」에 의해 수급권자가 지급받는
요양급여, 휴업급여, 장해급여, 간병급여, 유족급여,
유족특별급여, 장해특별급여 및 장의비 또는 근로
의 제공으로 인한 부상, 질병 또는 사망과 관련하여
근로자나 그 유족이 지급받는 배상, 보상 또는 위자
의 성질이 있는 급여

4. 「근로기준법」 또는 「선원법」에 의해 근로자, 선원 및
그 유족이 지급받는 요양보상금, 휴업보상금, 상병보
상금, 일시보상금, 장해보상금, 유족보상금, 행방불
명보상금, 소지품유실보상금, 장의비 및 장제비

5. 「고용보험법」에 의해 받는 실업급여, 육아휴직 급여,
산전후휴가 급여와 「제대군인 지원에 관한 법률」에

따른 전직지원금, 「국가공무원법」, 「지방공무원법」
에 따른 공무원 또는 「사립학교교직원 연금법」, 「별
정우체국법」의 적용을 받는 자가 관련 법령에 따라
받는 육아휴직수당 및 「국민연금법」에 의해 받는
반환일시금(사망으로 인하여 받는 것에 한함), 사망일
시금

6. 「공무원연금법」, 「군인연금법」, 「사립학교교직원 연
   금법」 또는 「별정우체국법」에 의해 지급받는 요양
   비, 요양일시금, 장해보상금, 사망조위금, 사망보상
   금, 유족보상금, 유족일시금, 유족연금일시금, 유족
   연금부가금, 유족연금특별부가금, 재해부조금 및 재
   해보상금 또는 신체·정신상의 장해·질병으로 인한
   휴직기간에 받는 급여

7. 「초·중등교육법」 및 「고등교육법」에 의한 학교(외국
   에 있는 이와 유사한 교육기관을 포함)와 「근로자직업
   능력 개발법」에 의한 직업능력 개발훈련시설의 입
   학금, 수업료, 수강료 기타 공납금 중 다음 각 호의
   요건을 갖춘 학자금(당해 연도에 납입할 금액을 한도
   로 함)

   ① 당해 근로자가 종사하는 사업체의 업무와 관련

있는 교육·훈련을 위해 받는 것일 것

② 당해 근로자가 종사하는 사업체의 규칙 등에 의해 정해진 지급기준에 따라 받는 것일 것

③ 교육·훈련기간이 6개월 이상인 경우 교육·훈련 후 당해 교육기간을 초과하여 근무하지 않는 때에는 지급받은 금액을 반납할 것을 조건으로 하여 받는 것일 것

실비변상적인 성질의 급여

1. 법령·조례에 의한 위원회 등의 보수를 받지 않는 위원(학술원 및 예술원의 회원을 포함) 등이 받는 수당

2. 「선원법」에 의해 지급하는 식료

3. 일직료, 숙직료 또는 여비로서 실비변상 정도의 금액(종업원의 소유차량을 종업원이 직접 운전하여 사용자의 업무수행에 이용하고 시내출장 등에 소요된 실제 여비를 받는 대신에 그 소요경비를 당해 사업체의 규칙 등에 의해 정해진 지급기준에 따라 받는 금액 중 월 20만 원 이내의 금액을 포함)

4. 법령·조례에 의해 제복을 착용해야 하는 자가 받는

제복, 제모 및 제화

5. 병원, 시험실, 금융회사, 공장, 광산에서 근무하는
   자 또는 특수한 작업이나 역무에 종사하는 자가 받
   는 작업복이나 그 직장에서만 착용하는 피복

6. 특수 분야에 종사하는 군인이 받는 낙하산강하 위
   험수당, 수중파괴작업 위험수당 등

7. 「선원법」의 규정에 의한 선원으로서 선장 및 해원
   (국외근로자의 비과세 규정 및 생산직 야간근로수당의
   비과세 규정을 적용받는 자를 제외함)이 받는 월 20만
   원 이내의 승선수당 등

8. 광산근로자가 받는 입갱수당 및 발파수당

9. 「유아교육법」, 「초·중등교육법」 및 「고등교육법」에
   따른 학교 및 이에 준하는 학교(특별법에 따른 교육기
   관을 포함)의 교원 등의 자가 받는 연구보조비 또는
   연구활동비 중 월 20만 원 이내의 금액

10. 신문, 방송 등의 기자 등이 취재활동과 관련하여
    받는 취재수당 중 월 20만 원 이내의 금액

11. 근로자가 기획재정부령이 정하는 벽지에 근무함으
    로 인하여 받는 월 20만 원 이내의 벽지수당

12. 근로자가 천재, 지변 기타 재해로 인하여 받는 급여

1. 국외 또는 「남북교류협력에 관한 법률」에 의한 북한
   지역('국외 등'이라 함)에서 근로를 제공(원양어업 선박,
   국외 등을 항행하는 선박 또는 국외 등의 건설현장이나
   항공기에서 근로를 제공하는 것을 포함)하고 받는 보수
   중 월 100만 원(원양어업 선박, 국외 등을 항행하는 선
   박, 국외 건설현장에서 근로를 제공하고 받는 보수의 경
   우에는 월 150만 원) 이내의 금액

2. 공무원, 「대한무역투자진흥공사법」에 따른 대한무
   역투자진흥공사, 「한국관광공사법」에 따른 한국관
   광공사, 「한국국제협력단법」에 따른 한국국제협력
   단의 종사자가 국외 등에서 근무하고 받는 수당 중
   당해 근로자가 국내에서 근무할 경우에 지급받을
   금액 상당액을 초과하여 받는 금액

3. 「국민건강보험법」, 「고용보험법」, 「국민연금법」, 「공무
   원연금법」, 「사립학교교직원 연금법」, 「군인연금법」,
   「근로자퇴직급여 보장법」, 「과학기술인공제회법」 또
   는 「노인장기요양보험법」에 따라 국가·지방자치단체
   또는 사용자가 부담하는 부담금

생산 및 그 관련직에 종사하는 근로자가 연장시간근로, 야간근로 또는 휴일근로로 인해 받는 급여 등

1. 생산직 및 그 관련직 종사자의 정의
   월정액급여 100만 원 이하인 근로자(일용근로자를 포함)로서 다음 중 어느 하나에 해당하는 자를 말한다.
   ① 공장 또는 광산에서 근로를 제공하는 자로서 통계청장이 고시하는 한국표준직업분류에 의한 생산 및 관련 종사자 중 기획재정부령이 정하는 자
   ② 어업을 영위하는 자에게 고용되어 근로를 제공하는 자로서 기획재정부령이 정하는 자
   ③ 통계청장이 고시하는 한국표준직업분류에 의한 운전원 및 관련종사자와 배달 및 수하물 운반종사자 중 기획재정부령이 정하는 자
2. 연장시간근로, 야간근로 또는 휴일근로로 인하여 받는 급여의 정의
   ① 「근로기준법」에 의한 연장시간근로, 야간근로 또는 휴일근로로 인하여 통상임금에 가산하여

받는 급여 중 연 240만 원 이내의 금액(광산근
로자 및 일용근로자의 경우에는 해당 급여총액)

② 위 '1'의 '②'에 규정하는 근로자가 「선원법」에 의
해 받는 생산수당(비율급으로 받는 경우에는 월 고
정급을 초과하는 비율급) 중 연 240만 원 이내의
금액

3. 월정액급여의 정의

'월정액급여'라 함은 매월 직급별로 받는 봉급, 급
료, 보수, 임금, 수당 그 밖에 이와 유사한 성질의 급
여(해당 연도 중에 받는 상여 등 부정기적인 급여와 실
비변상적 성질의 급여를 제외함)의 총액에서 「근로기준
법」에 의한 연장시간근로, 야간근로 또는 휴일근로
로 인하여 통상임금에 가산하여 받는 급여 및 「선
원법」에 의해 받는 생산수당(비율급으로 받는 경우에
는 월 고정급을 초과하는 비율급)을 뺀 급여를 말한다.

기타 비과세근로소득

1. 외국정부(외국의 지방자치단체 및 연방국가인 외국의 지
방정부를 포함) 또는 국제연합과 그 소속기구의 기관

에 근무하는 자로서 대한민국 국민이 아닌 자가 그
직무수행의 대가로 받는 급여. 다만, 외국정부가 그
나라에서 근무하는 우리나라 공무원이 받는 급여에
대하여 소득세를 과세하지 않는 경우에 한한다.

2. 「국가유공자 등 예우 및 지원에 관한 법률」에 의해
받는 보훈급여금, 학자금 및 「전직대통령 예우에 관
한 법률」에 의해 받는 연금

3. 작전임무를 수행하기 위해 외국에 주둔 중인 군인,
군무원이 받는 급여

4. 종군한 군인, 군무원이 전사(전상으로 인한 사망을 포
함한다. 이하 같다)한 경우 그 전사한 날이 속하는 연
도의 급여

5. 다음의 식사 또는 식사대

① 근로자가 사내급식 또는 이와 유사한 방법으로
제공받는 식사, 기타 음식물

② 식사, 기타 음식물을 제공받지 아니하는 근로자
가 받는 월 10만 원 이하의 식사대

6. 근로자 또는 그 배우자의 출산이나 6세 이하의 자
녀의 보육과 관련하여 사용자로부터 지급받는 급여
로서 월 10만 원 이내의 금액

7. 「국군포로의 송환 및 대우 등에 관한 법률」에 따른
   국군포로가 지급받는 보수 및 퇴직일시금

근로소득의 기타 문제들

근로소득공제

근로소득금액은 사업소득금액과 많이 비교되곤 하는데, 사업소득금액은 사업자가 장사를 통해 벌어들인 수입금액에서 각종 필요경비(예를 들어 재료비, 인건비, 임차료 등)를 차감하여 산정할 수 있다. 하지만 이에 반하여 근로소득자는 본인의 1년간 총급여에서 아무것도 공제해 주지 않는다면, 필요경비 개념이 있는 사업소득자에 비하여 가뜩이나 세원 노출이 쉬운 데다가 공제할 비용도 없어서 이래저래 손해가 아닐 수 없다.

그렇다고 우리나라의 모든 근로소득자에게 필요경비를 인정해 주면 어떤 일이 벌어질까? 아마 근로자가 1년 내

내 사용한 온갖 비용, 이를테면 식대, 교통비, 주유비, 의류비 등에 대한 온갖 영수증을 다 챙긴다면 그것은 근로자나 진위 여부를 모두 다 가려야 하는 과세당국에게도 보통 일이 아닐 것이다.

이런 이유로 근로소득금액은 가상의 경비를 차감해 주고 있다. 이른바 근로소득공제라고 하는데 이는 앞서 말한 이유대로 실제로 발생한 것을 그대로 빼주는 것이 아니라 일종의 가상 개념인 개산공제를 통하여 산정할 수 있다.

총급여액	공제액
500만 원 이하	총급여액의 80%
500만 원 초과 1,500만 원 이하	400만 원+(500만 원을 초과하는 금액의 50%)
1,500만 원 초과 3,000만 원 이하	900만 원+(1,500만 원을 초과하는 금액의 15%)
3,000만 원 초과 4,500만 원 이하	1,125만 원+(3,000만 원을 초과하는 금액의 10%)
4,500만 원 초과	1,275만 원+(4,500만 원을 초과하는 금액의 5%)

근로소득공제액

위의 표에 의해 산정된 근로소득공제를 본인의 총급여에서 차감하면 근로소득금액이 산출되고 연간 다른 소득금액이 없는 근로자라면 이 금액이 바로 종합소득금액을 구성하게 된다.

근로소득이 있는 거주자에 대하여는 해당 근로소득에 대한 종합소득산출세액에서 근로소득세액공제를 적용한다.

이때의 근로소득세액공제액은 근로소득에 대한 종합소득산출세액에서 다음의 금액을 공제한다.

산출세액	공제금액
산출세액 50만 원 이하	산출세액의 55%
산출세액 50만 원 초과	27만 5,000원+50만 원 초과금액의 30%

위의 표와 무관하게 그 근로자가 일용근로자일 경우에는 해당 근로소득에 대한 산출세액의 100분의 55에 상당하는 금액을 그 산출세액에서 공제한다. 근로소득세액공제는 공제세액이 50만 원을 초과하는 경우에는 그 초과하는 금액은 이를 없는 것으로 한다.

| 사례 |

근로소득금액 산정하기
관리부장인 갑이 올해에 지급받은 급여 내역은 다음과 같다. 이에 따라서 갑의 올해 근로소득금액을 산정하면 얼마인가?

급여	4,000만 원
상여금	1,200만 원
식사대	240만 원(식사제공 없음)
자가운전보조금	360만 원
직책수당	200만 원

답 1. 총급여액=4,000만 원+1,200만 원+120만 원(식사제공 없을 때 월 10만 원 비과세)+120만 원(자가운전보조금은 월 20만 원 비과세)+200만 원=5,640만 원
 2. 근로소득공제=1,275만 원+(5,640만 원—4,500만 원)×5% =1,332만 원
 3. 근로소득금액=5,640만 원—1,332만 원=4,308만 원

| 사례 |

생산직 근로자의 비과세소득 산정하기

공장의 생산직 근로자인 갑은 12월의 급여로 190만 원을 수령했으며 구체적인 내역은 다음과 같다. 갑의 총급여액을 계산하면 얼마인가?

기본급 : 60만 원	식사대 : 12만 원(식사제공 없음)
상여금 : 60만 원(연간 2회)	숙직료 : 8만 원(실비변상적인 성질)
자격수당 : 10만 원	연장근로수당 : 40만 원

답 갑은 생산직 근로자이므로 월정액급여가 100만 원을 넘어서는 안 된다.
월정액급여는 다음과 같이 산출된다.

월정액급여=190만 원—60만 원(상여금)—8만 원(실비변상적 성질)
—40만 원(연장근로수당)=82만 원

즉 갑은 생산직 근로자이며 월정액급여가 100만 원을 넘지 않으므로
연장근로수당 40만 원은 비과세소득으로서 과세되지 않는다. 다만 11월
까지 이미 비과세된 연장근로수당과 12월의 추가분 40만 원의 합계액
이 240만 원을 넘지 않아야 한다는 조건이 있다.

상용근로자와 일용근로자의 납부세액 비교하기

상용근로자인 갑은 한 달에 총급여로 450만 원을 수령하여 연간 총급
여가 5,400만 원이라고 가정하고 일용근로자인 을은 하루에 일당 15만
원을 수령하여 연간 5,400만 원의 총급여를 수령하였다고 가정하자(단
을은 하역근로자이므로 3개월간 동일 고용 등의 요건이 필요 없다고
가정함).

다른 조건을 동일하다고 가정했을 때 갑과 을이 한 달 동안 부담할 세
액은 얼마인가?

답 1. 갑의 경우

① 총급여 5,400만 원

② 근로소득공제 1,320만 원[=1,275만 원—(5,400만 원—4,500만
원)×5%]

③ 종합소득금액 4,080만 원

④ 산출세액 5,04만 원[=72만 원+(4,080만 원—1,200만 원)×
15%]

⑤ 근로소득세액공제 50만 원[=27만 5,000원+(504만 원—50만
원)×30%＝한도액 50만 원을 초과함]

step 3. 꼼꼼히 챙겨야 할 근로소득세

⑥ 차가감납부세액 454만 원

⑦ 한 달 평균 세부담액 37만 3,333원

2. 을의 경우

① 일당 15만 원

② 근로소득공제 10만 원(정액)

③ 근로소득금액 5만 원

④ 산출세액 4,000원(8% 단일세율임)

⑤ 근로소득세액공제 2,200원(55%를 근로소득세액공제함)

⑥ 차가감납부세액 1,800원

⑦ 한 달 평균 세부담액 5만 9,400원(1,800×30일)

이렇듯 다른 조건이 동일하다면 한 달 기준으로 상용근로자가 일용근로자에 비하여 추가로 부담하는 세액은 약 31만 3,933원이 더 많다.

Seven Days Master Series

step 4

직장인의 13번째 월급, 연말정산

직장인의 13번째 월급, 연말정산

직장인이라면 매달 꼬박꼬박 나오는 월급날을 손꼽아 기다릴 것이다. 하지만 막상 월급이 통장에 들어와도 그 월급들은 하루도 되지 않아 어디론가 빠져나가 버리는 허무함을 느끼곤 할 것이다. 대부분의 직장인들은 매달 정해진 월급으로 생활을 할 수밖에 없다.

하지만 이러한 직장인들도 매년 한 번씩의 보너스를 기대할 수 있으니, 이는 바로 직장인의 13번째 월급이라고 할 수 있는 매년 2월의 연말정산이다.

연말정산은 과세기간 동안의 근로소득을 종합해 이에 대한 소득세를 정산하려는 데 그 목적이 있다. 근로소득자의 신고납세제도의 절차를 생략하기 위해 근로소득 지급자(원천징수의무자, 일반적으로 '우리 회사')가 다음 연도 2월의 근로소득을 지급할 때에 근로소득자 개인별로 매월분 근로소득에 대한 징수세액의 합계액을 연간근로소득에 상응하는 소득세액으로 정산하여 과부족액을 정산하는 것을 말한다.

근로소득, 연금소득 및 일정한 사업소득의 경우 다른 종합소득과 합산하기 전에 먼저 매월분의 급여액 및 수입금액의 일정 금액을 원천징수하여 납부하게 하는 한편, 다음 연도 2월분 근로소득 및 사업소득을 지급하는 때 또는 퇴직하는 때에 다시 연간 총급여액 및 총수입금액에 대한 종합소득과세표준에 기본 세율을 적용하여 종합소득산출세액을 계산하고, 종합소득산출세액에서 세액공제, 면제세액 및 이미 납부한 원천징수세액을 차감하여 그 차액을 추가로 원천징수하거나 환급하는 절차를 밟게 되는데 이와 같은 절차를 연말정산이라 한다. 연말정산은 납세의무자에게 과세표준확정신고 의무의 배제 등과 같은 납세편의를 제공함과 아울러 징세비의 절감과 세무행정의 간소화에 기여하고 있다.

결혼 2년차인 직장인 손양식 씨의 예를 들어 연말정산에 대해 설명하겠다. 손씨는 아직 아이는 없고 아내는 전업주부로서 소득이 없다. 손씨는 매달 세전 기준으로 300만 원의 월급을 받고 있다. 하지만 월급에서 공제되는 금액들이 너무 많다고 생각되어 꼼꼼히 월급명세서를 살펴보기로 했다.

그의 월급명세서의 공제액을 보면 건강보험, 국민연금, 고용보험, 직장공제회비 등 참으로 많고 커 보이는 다양한 금액들이 있다. 자신의 월급명세서 공제 항목들을 안타까운 심정으로 바라보던 손씨는 '소득세 원천징수액'이라는 항목에서 눈을 떼지 못한다. 손씨의 이번 달 소득세 원천징수액은 8만 8,700원이다. 과연 이 금액은 어떤 방식으로 산정이 되었을까?

94쪽의 '간이세액표'를 한번 보자.

간이세액표란 매월분 근로소득에 대한 소득세를 원천징수할 때 적용하는 세액표를 말한다. 매월분 근로소득에 대한 원천징수의 편의를 위해 「소득세법시행령」으로 규정된 것으로 기본공제를 소득금액의 크기에 따라 원천징수해야 할 세액을 정해 놓고 있다. 이 표를 보면 월급여액 300만 원 이상 302만 원 미만의 원천징수액은 10만 7,450원부터 2,980원까지 다양하다. 같은 금액의 월급여액을 수령하는 사람들이 부양가족이 1인일 때부터 11인일 때까지 평균적으로 매년 얼마의 근로소득세를 부담하는지를 산정하여 이를 12개월로 나눈 금액이 바로 '간이세액표'상의 원천징수 금액이 된다. 즉 월급이 300만 원인 사람도 부양가족이 1인이면 매달 10만 7,450원을 원천징수당하며, 부양가족이 11인이라면 2,980원을 원천징수당한다.

월급여액(천원) [비과세 및 학자금 제외]		공제대상가족의 수									
		1	2	3		4		5		6	
이상	미만			일반	다자녀	일반	다자녀	일반	다자녀	일반	다자녀
3,000	3,020	107,450	88,700	47,560	43,190	34,440	30,970	27,470	25,720	22,220	20,470

월급여액(천원) [비과세 및 학자금 제외]		공제대상가족의 수									
		7		8		9		10		11	
이상	미만	일반	다자녀	일반	다자녀	일반	다자녀	일반	다자녀	일반	다자녀
3,000	3,020	17,600	16,480	14,230	13,100	10,850	9,730	7,480	6,350	4,100	2,980

간이세액표

종합소득공제 살펴보기

일반적으로 과세표준을 계산하는 과정에서 소득자 등의 가족상황 등 인적상황을 감안하여 일정 금액을 공제하여 주는 제도를 인적공제라 하며 이는 「소득세법」과 「상속세 및 증여세법」에 규정되어 있다. 「소득세법」상 인적공제는 종합소득이 있는 거주자의 소득금액을 계산한 후 과세표준을 계산하는 과정에서 각각 공제되는 것으로 기본공제, 추가공제, 다자녀공제 등이 있다.

1. 기본공제

기본공제는 본인, 배우자 및 생계를 같이하는 부양가

족(연간 소득금액 100만 원 이하)에 대해 1인당 연 150만 원을 공제하는 제도를 말한다. 이 경우 다음의 연령 요건을 만족해야 하며, 장애인은 연령 요건의 제한이 없다.

부양가족	직계존속	직계비속	형제자매	위탁아동	수급자
연령 요건	60세 이상	20세 이하	20세 이하, 60세 이상	18세 미만	제한 없음

본인공제는 해당 거주자 종합소득이 있는 경우에는 거주자, 비거주자를 불문하고 무조건 공제한다. 다만, 자연인에 한하여 공제되는 것이므로 1거주자로 보는 법인격 없는 단체의 경우에는 적용되지 않는다.

배우자공제는 거주자의 배우자로서 연간 소득금액이 없거나 연간 소득금액의 합계액이 100만 원 이하인 자를 의미한다. 배우자공제의 특이점은 연령 요건을 적용받지 않는다는 점이다.

부양가족공제는 거주자(그 배우자를 포함. 이하 이 항에서 같음)와 생계를 같이하는 직계존비속 등의 부양가족으로서 연간 소득금액의 합계액이 100만 원 이하인 자를 의미한다.

추가공제는 기본공제 대상자가 아래에 해당하는 사유가 있을 경우에 공제받을 수 있다. 다만 기본공제와 달리 1인당 150만 원으로 통일되어 있지 않고 공제항목에 따라 금액이 달라진다는 점에 유념해야 한다.

공제대상	경로우대 (70세 이상)	장애인 (소득세법)	자녀양육비 (6세 이하)	여성근로자 (부양/기혼)	출생·입양
공제금액	100만 원	200만 원	100만 원	50만 원	200만 원

경로우대자공제는 기본공제 대상자 중 70세 이상인 경우 1인당 100만 원을 공제해 주는 제도이다. 경로우대자인 직계존속이 당해 연도에 사망한 경우에는 사망일 전일의 상황에 따르므로 기본공제 및 추가공제가 가능하다.

장애인공제는 기본공제 대상자가 장애인인 경우 1인당 200만 원을 공제해 준다. 이때 장애인에는 항시 치료를 요하는 중증환자도 포함되는 것에 유념해야 한다.

다음으로 부녀자공제는 해당 거주자가 배우자가 없는 여성으로서 부양가족이 있는 세대주이거나 배우자가 있는 여성인 경우 50만 원을 공제해 주는 제도이다.

자녀양육비공제란 기본공제 대상이 되는 자가 6세 이

하의 직계비속을 부양하는 경우 50만 원을 공제해 주는 제도로서, 맞벌이 부부의 경우 자녀양육비 추가공제(한 아이에 대하여 근로자 중 한 사람이 선택해서 추가공제)가 가능하다. 즉 어머니한테서 기본공제를 받지 않더라도 어머니가 자녀를 자녀양육비 공제만 추가공제로 신청할 수 있다.

이 외에 다자녀추가공제는 기본공제 대상인 자녀가 2인 이상인 경우에 추가로 공제를 해주는 제도를 말한다.

특별공제

근로소득이 있는 거주자가 당해 연도에 지급한 국민건강보험료와 고용보험료, 보험료, 의료비, 교육비, 주택마련저축의 저축액 등(세대주 등 일정요건 구비), 기부금 등에 대하여 일정액을 당해 연도의 근로소득금액에서 공제한다. 특별공제를 적용받고자 하는 근로소득자는 원천징수 의무자 등에게 공제신청을 하여야 한다. 이 경우에는 실제 지급한 특별공제대상액을 세법에서 정하는 한도 내에서 실액대로 공제받을 수 있다. 이를 실액공제 또는 항목별공제라고 한다.

그러나 공제신청을 하지 않은 근로소득자는 연 100만 원(근로소득이 없는 거주자로서 종합소득이 있는 자에 대해서는 60만 원)만을 공제하는데, 이를 표준공제라고 한다.

1. 보험료공제
   ① 국민건강보험료, 고용보험료, 노인장기요양보험료: 전액
   ② 기본공제 대상자를 피보험자로 하는 보장성보험료:100만 원 한도
   ③ 장애인전용 보장성보험료:100만 원 한도
2. 의료비공제
   총급여액의 3% 초과액을 공제
   ① 본인, 65세 이상자, 장애인:공제한도 없음
   ② 부양가족(소득금액, 연령 제한 없음):연 700만 원 한도
3. 교육비공제
   ① 본인 : 대학, 대학원 등에 지출한 교육비 전액 공제
   ② 부양가족(연령 제한 없음):취학전 아동 및 초·중·고생 1인당 300만 원, 대학생 1인당 900만 원 한도

③ 장애인(소득금액, 연령 제한 없음) 재활교육을 위
한 특수교육비 : 전액 공제

4. 주택자금공제

① 주택임차차입금 원리금상환액의 40% 공제 : 주
택마련저축공제와 합해 300만 원 한도, 배우자
또는 부양가족이 있는 총급여 3,000만 원 이하
의 무주택 세대주인 근로자로서 국민주택규모
이하 주택에 대한 월세금을 지출한 경우 그 금
액의 40% 소득공제 포함

② 장기주택저당차입금 이자상환액공제 : 1,000만
원(상환기간 30년 이상 1,500만 원) 한도

5. 기부금공제

유형에 따른 공제한도 이내에서 기부금 전액 공제

(202p. 소득공제신고서 참고)

사례로 풀어 보는 연말정산

직장인 손양식 씨는 매달 세전 기준으로 300만 원의 월급을 받고 있다(모두 과세대상이고 그 외의 근로소득은 없는 것으로 가정). 그리고 연간 소득세 106만 4,400원을 원천징수하였다. 손씨는 노부모님을 부양하고 있고 아버지는 72세, 어머니는 68세이다. 그 외 손씨는 대학원에 다니며 연간 1,200만 원의 학비를 부담하였다. 또한 손씨의 배우자인 김혜린 씨는 올해 100만 원에 해당하는 일반 의료비를 지출한 바 있다.

이 경우에 손양식 씨가 내년 2월에 환급받거나 추가 납부해야 할 금액은 다음과 같이 산출된다.

1. 근로소득총수입금액
   3,000,000×12   36,000,000
2. 근로소득공제
   11,250,000+(36,000,000−30,000,000)×10%   11,850,000
3. 근로소득금액(=종합소득금액)   24,150,000
   종합소득공제   16,000,000
   ① 인적공제
     기본공제 :
     본인+배우자+아버지+어머니 : 4인×1,500,000   6,000,000
     추가공제 :
     경로우대자공제(아버지)   1,000,000
   ② 특별공제
     교육비공제 : 본인대학원   12,000,000
     의료비공제 : 없음(한도 36,000,000×3%=1,080,000)
4. 종합소득과세표준   8,150,000
5. 종합소득산출세액
   8,150,000×6%   489,000
6. 근로소득세액공제
   489,000×55%   268,950
7. 총결정세액   220,050
8. 기납부세액   1,064,400
9. 차가감납부세액   −844,350(환급)

배우자의 직계존속, 형제자매도 인적공제에 포함
근로자는 배우자 및 직계비속(자녀, 손자녀)과 더불어 생
계를 같이하는 직계존속(부모, 조부모)과 형제자매도 인
적공제가 가능하다.

직계존속, 형제자매에는 배우자의 직계존속(장인·장모, 시부모 등) 및 형제자매(처남, 시누이 등)를 포함한다. 직계존속은 주거의 형편에 따라 함께 거주하지 않아도 공제가 가능하나, 형제자매는 함께 거주해야 한다(다만, 취학 등의 사유로 일시 퇴거한 경우에는 공제 가능). 공제대상 부양가족은 연간 소득금액의 합계액이 100만 원 이하이고, 연령은 만 20세 이하 또는 60세 이상이어야 한다.

항시 치료를 요하는 중증환자도 장애인으로 인정

치매, 암수술 환자 등이 항시 치료를 요하는 중증환자에 해당하는 경우 「소득세법」에서 정한 장애인으로 인정된다. 항시 치료를 요하는 중증환자란 지병에 의해 치료를 요하고 취학, 취업이 곤란한 상태에 있는 사람으로서, 의료기관으로부터 「소득세법」에서 정한 장애인증명서를 발급받아 제출하면 된다.

부양가족이 장애인으로 인정되면 연령 제한에 관계없이 인적공제 대상이 되며, 장애인 추가공제(200만 원) 및 장애인 부양가족을 위해 지출한 의료비의 전액 공제 등의 혜택이 있다.

또한 장애인 재활교육 비용은 전액 교육비공제가 가능하며, 장애인전용 보장성보험 가입 시 100만 원까지 보험료 공제가 적용된다.

소득이 있는 부양가족도 100만 원이 넘지 않으면 공제 가능

배우자 및 생계를 같이하는 부양가족이 근로소득 또는 사업소득 등이 있어도 소득금액이 100만 원을 초과하지 않으면 부양가족 공제가 가능하다.

근로소득금액은 총급여(=연봉—비과세소득)에서 근로소득공제를 차감한 금액이며, 사업소득금액은 총수입에서 필요경비를 차감한 금액이다.

부양가족이 근로소득자이고 총급여가 500만 원 이하이면 근로소득금액이 100만 원 이하여서 공제대상이 된다.

소득금액을 계산할 때 비과세소득과 분리과세소득(일용근로소득, 4,000만 원 이하 금융소득, 300만 원 이하 기타소득 등)은 포함하지 않는다.

맞벌이 부부가 서로를 위해 지출한 의료비 공제

근로소득이 있는 맞벌이 부부는 서로에 대한 인적공제, 특별공제 등 소득공제를 받을 수 없으나, 예외적으로 배우자를 위해 지출한 의료비 금액에 대해 본인이 소득공제가 가능하다.

다만, 의료비공제는 총급여의 3%인 공제 문턱을 초과하는 금액에 대해서만 공제가 가능하다.

맞벌이 부부가 가족카드를 사용하고 있다면 대금 지급자 기준이 아닌 사용자(명의자) 기준으로 신용카드 공제를 받아야 하므로 주의가 필요하다.

중·고등학생의 교복구입비도 교육비공제 가능

2009년 귀속 연말정산부터 중·고등학생의 교복구입비도 1인당 50만 원까지 교육비공제가 가능하다.

교복구입비는 1인당 300만 원인 중·고등학생의 교육비공제 한도금액에 포함되어 공제된다.

교복구입비를 공제받기 위해서는 교육비납입증명서를 교

복판매업자로부터 발급받아 회사에 제출해야 한다.
다만, 교육비납입증명서 서식 개정(2009년 4월 14일) 전에 교복을 구입한 경우에는 교복구입을 확인할 수 있는 영수증으로 교육비납입증명서를 갈음할 수 있다.

신용카드와 중복으로 공제되는 의료비와 교육비 항목

의료비를 신용카드 또는 현금영수증으로 결제하는 경우 의료비공제와 더불어 신용카드 공제가 가능하며, 취학 전 아동의 학원비와 중·고등학생의 교복구입비를 신용카드 또는 현금영수증으로 결제하는 경우에도 교육비 공제와 함께 신용카드 공제가 가능하다.
학원비의 교육비공제는 취학 전 아동에게만 적용되며, 초·중·고등학생의 학원비는 교육비공제 대상이 아니다.
초·중·고등학생의 학원비를 지로로 납부하였다면 신용카드 등 사용금액 공제를 받을 수 있다.

안경, 보청기 등 구입비용도 의료비공제 가능

의료비공제가 적용되는 항목에는 진료비, 의약품구입비와 더불어 안경(콘택트렌즈 포함), 보청기, 장애인보장구 및 의사 등의 처방에 따른 의료기기 구입비용도 포함된다.
안경구입비는 부양가족 1인당 50만 원 이내 금액에 대해서만 의료비공제가 가능하다.
안경구입비의 증빙서류는 사용자의 성명 및 시력교정용임을 안경사가 확인한 영수증을 제출하면 된다.
2009년 12월 31일까지 지출한 미용·성형수술을 위한 비용 및 건강증진을 위한 의약품(한약 포함) 비용도 의료비공제 대상이다.

대출받은 전세금과 월세 보증금 상환금액의 소득공제

금융기관으로부터 주택 전세금 또는 월세 보증금을 대출받은 무주택 근로자는 원금과 이자 상환금액의 40%를 소득공제받을 수 있다.

주택마련저축(청약저축, 장기주택마련저축, 주택청약종합저축) 공제 금액과 합하여 연 300만 원 한도로 소득공제를 받을 수 있다.

소득공제를 받기 위해서는 주택마련저축에 가입한 무주택 세대의 세대주이어야 하며, 국민주택규모(85m²)의 주택을 임차하고 금융기관으로부터 주택 전세금 또는 월세 보증금을 대출받아야 한다.

또한 세대의 구성원 모두 12월 31일 현재 무주택이고, 임대차계약서상의 입주일과 주민등록등본상의 전입일 중 빠른 날로부터 전후 3개월 이내에 차입한 자금이어야 한다.

무주택자의 주택구입에 대한 장기주택저당차입금 소득공제

무주택 세대주인 근로자가 국민주택규모(85m²)의 주택(기준시가 3억 원 이하)을 취득하기 위해 주택취득 후 3개월 이내에 저당권을 설정하고 금융기관 등으로부터 차입한 '장기주택저당차입금'의 이자상환금액에 대해 소득공제가 가능하다.

상환기간이 15년 이상이면 연 1,000만 원, 30년 이상이면 연 1,500만 원 한도로 소득공제를 받을 수 있다.

주택의 명의와 차입금의 명의는 근로자 본인(공동명의 포함)이어야 한다.

국민주택규모(85m²)의 주택분양권(분양가액 3억 원 이하)을 취득하고 완공 시 '장기주택저당차입금'으로 전환할 것을 조건으로 금융기관 등으로부터 차입한 경우에도 적용된다.

중도 퇴사자는 종합소득세 확정신고로 추가 소득공제 가능
근로자가 연도 중 전 직장에서 퇴직 후 새로운 직장에 입사하였다면, 전 직장에서 원천징수영수증을 받아 현 직장에 제출하여 두 직장의 소득을 모두 포함해서 연말정산을 해야 한다.
다만, 중도 퇴직 후 새로운 직장에 입사하지 않은 근로자가 퇴직 시 연말정산에서 소득공제를 누락하였다면 증빙서류를 갖춰 종합소득세 확정신고를 통해 추가로 소득공제가 가능하다.

〈출처 : 국세청 원천세과〉

Seven Days Master Series

step 5

사장님도
알아야 할
사업소득세

앞서 우리는 소득에 대한 세금을 법인세와 소득세로 구분한 바 있다. 소득의 주체가 법인일 경우에는 법인세를 납부하게 되고, 소득의 주체가 개인이면 소득세를 납부하게 된다. 이때 소득세는 개인의 수입을 종합적으로 파악하여 이것을 개인의 소득으로 하고 그 소득을 직접 과세객체로 하여 과세하는 조세를 말한다.

소득세의 과세대상이 되는 개인소득은 그 종류에 따라 종합소득(이자소득, 배당소득, 사업소득, 근로소득, 연금소득 및 기타소득), 퇴직소득, 양도소득 등으로 분류된다. 이 가운데 개인사업자가 납부하는 소득세가 바로 사업소득세가 되는 것이다. 소득세는 개인 중에서 사업자가 납부하는 세금으로서, 소득세의 종류 중에서는 법인이 각 사업연도 소득에 대하여 과세를 당하는 법인세와 제일 비슷한 세금이라고 할 수 있다.

사업소득이란 무엇일까?

주변에서 '사장님'이라는 표현을 자주 들어본 적이 있을 것이다. 너도 나도 사장님 소리를 듣다 보니 사업소득세를 납부하는 진정한 사장님에 대한 개념이 혼란스러울 수도 있다. 세법에서 의미하는 사업소득이란 개인이 영리를 목적으로 독립된 지위에서 계속하여 영위하는 사업에서 발생하는 소득을 말한다. 즉 사업소득 중에서 다음과 같은 요건을 만족하는 경우에는 사업소득세의 과세대상이 된다.

1. 사업소득은 사업과 관련하여 다른 사람에게 종속되지 않고 대외적으로 독립하여 자기책임하에 사업을 영위하는 독립성이 있다.
2. 어떤 소득을 발생시키는 행위가 계속하여 이루어졌는가의 결과는 물론이고 동종의 행위를 계속적으로

반복하고자 하는 계속·반복적인 의사가 있다.
3. 경제적 이익을 창출하기 위한 의도를 가지고 행동하는 영리목적성이 있다.

하지만 이와 같은 분류만을 따른다면 자신의 소득이 사업소득에 해당하는지 아닌지에 대하여 구분이 모호한 경우도 종종 발생한다. 최근에도 모 탤런트가 광고활동 등으로 인한 수입을 기타소득으로 과세당국에 신청했다가 사업소득이라는 판정을 받은 바 있다. 즉 자신의 활동이 사업성이 있는 사업소득에 해당하는지 일회성의 성격이 있는 기타소득에 해당하는지는 관련 법규나 판례 등을 통하여 정확히 확인해야 할 필요가 있다.

거주자가 비영리법인에 경영자문 용역을 제공하고 매월 정액으로 받은 경영고문료가 사업소득에 해당하는지는 다음의 기준에 따라 소득을 구분해야 한다.
① 근로소득 : 거주자가 근로계약에 의한 고용관계에 의해 비상임자문역으로 근로자의 지위에서 경영자문 용역을 제공하고 얻는 소득. 이 경우 고용관계 여부는 근

　로계약내용 등을 종합적으로 고려하여 판단할 사항
　이다.
②사업소득 : 전문직 또는 컨설팅 등을 전문으로 하는 사
　업자가 독립적인 지위에서 사업상 또는 부수적인 용역
　인 경영자문 용역을 계속적 또는 일시적으로 제공하
　고 얻는 소득
③기타소득 : 위의 ①, ② 외의 소득으로서 고용관계 없
　이 일시적으로 경영자문 용역을 제공하고 얻는 소득

다양한 사업소득의 형태

앞서 설명한 대로 소득세의 사업소득세는 법인세와 유사한 성격을 띠고 있다. 즉 같은 일을 법인이 하면 법인세 과세대상이 되고 개인이 하면 소득세 중 사업소득세 과세대상이 된다. 이런 이유로 사업소득의 구체적인 범위와 형태는 굉장히 다양하게 존재할 수 있다. 여기에서는 다양한 사업소득 중 주요한 몇 가지에 대하여 살펴보고자 한다.

사업소득은 당해 연도에 발생한 다음의 소득으로서 소득세법에서 정하고 있는데 사업의 범위에 관하여는 관련 법령에 특별한 규정이 있는 것을 제외하고는 통계청장이 고시하는 한국표준산업분류를 기준으로 한다.

1. 농업(작물재배업 제외), 임업 및 어업에서 발생하는
소득
　① 농업 : 작물재배 관련 서비스업, 소·젖소·육우·
　　양돈·가금류·조류·말·양 사육 등 축산업, 축산
　　관련 서비스업, 수렵 및 관련 서비스업
　② 임업 : 영림업, 임업용 종묘, 육림업, 벌목업, 임산
　　물 채취업, 임업 관련 서비스업 등
　③ 어업 : 해면·원양·연근해·내수면 어업, 해면·내
　　수면 양식어업, 수산물 부화 및 종묘생산업, 어업
　　관련 서비스업
2. 광업에서 발생하는 소득
3. 제조업에서 발생하는 소득
자기가 직접 제조하지 않고 제조업체에 의뢰하여 제
조하는 경우로서
　① 생산할 제품을 직접 기획(고안 및 디자인, 견본 제
　　작 등을 포함)하고
　② 제품을 자기 명의로 제조하며
　③ 그 제품을 인수하여 자기 책임하에 직접 판매할
　　경우 제조업으로 본다.
4. 전기·가스, 증기 및 수도사업에서 발생하는 소득

전기업, 발전업(원자력, 수력, 화력, 기타), 송전 및 배전
업, 가스 제조 및 배관 공급업, 증기·냉온수 및 공기
조절 공급업, 수도사업, 생활용수 공급업, 산업용수
공급업 등에서 발생하는 소득

5. 건설업에서 발생하는 소득

단독 및 연립주택·아파트 등 주거용 건물 건설업(주
거용 건물 개발 및 공급업), 사무 및 상업용·공업용 등
비주거용건물 건설업, 지반조성·도로건설·교량·댐·
조경건설 등 토목 건설업, 통신시설·유리 창호·전기
·철근 등 전문직별 공사업 등에서 발생하는 소득

6. 도매업 및 소매업에서 발생하는 소득

자동차 및 부품 판매업, 가정용·산업용품 등 도매
및 상품중개업, 소매업 등에서 발생하는 소득

7. 운수업에서 발생하는 소득

육상운송 및 파이프라인 운송업, 수상운송업, 항공
운송업, 창고 및 운송 관련 서비스업 등에서 발생하
는 소득

8. 숙박 및 음식점업에서 발생하는 소득

숙박시설·청소년 수련시설·기숙사 운영 등 숙박업,
음식점 및 주점업 등 음식업 등에서 발생하는 소득

9. 금융 및 보험업에서 발생하는 소득

금융업, 보험 및 연금업, 금융 및 보험 관련 서비스업 등에서 발생하는 소득

10. 부동산업, 임대업에서 발생하는 소득

① 부동산업 : 부동산 임대 및 주거용·비주거용 건물 개발 및 공급업, 부동산관리업, 중개 및 부동산 감정평가·부동산 자문 등 부동산 관련 서비스업 등

② 임대업(부동산 제외) : 자동차 등 운송장비, 스포츠용품, 음반 및 비디오물, 산업용기계, 기계장비, 컴퓨터 및 사무용기기, 무형재산권 임대업 등

11. 사업시설관리 및 사업지원 서비스업에서 발생하는 소득

사업시설 유지관리, 건물 및 산업설비 청소, 소독·구충·방제, 조경관리 등 사업시설관리 및 조경서비스업, 인력공급 및 고용알선, 여행사업, 경호·경비·탐정업, 사무지원 서비스업, 전시 및 행사 대행업, 신용조사 및 추심 대행업, 포장 및 충전업 등에서 발생하는 소득

12. 교육서비스업에서 발생하는 소득

교습학원, 외국어학원, 방문교육학원, 온라인교육
학원, 예술학원, 스포츠학원, 사회교육시설, 직업훈
련원, 운전학원, 기술학원, 컴퓨터학원 등 교육기관
및 교육관련 서비스업에서 발생하는 소득
13. 예술, 스포츠 및 여가 관련 서비스업에서 발생하는
소득에서 발생하는 소득
공연시설운영업, 공연단체, 공연기획업 등 창작, 예
술 및 독서실 운영업, 박물관 운영업 등 여가관련
서비스업에서 발생하는 소득
연예인 및 직업운동선수 등이 사업활동과 관련하
여 받는 전속계약금은 사업소득으로 본다.
14. 가구 내 고용활동에서 발생하는 소득
가구 내 고용활동 및 달리 분류되지 않은 자가 소
비를 위한 가사서비스 활동에서 발생하는 소득

사업소득세 계산해보기

법인세가 그러하듯이 사업소득세도 자신의 매출액에
서 제반 비용을 공제하고 나면 소득을 산출할 수 있다.
불경기에는 "요새 매상이 어떻습니까?"라는 말을 자주

들을 수 있는데 이 매상이 바로 매출이라고 이해할 수 있을 것이고 매출은 소득세에서는 다시 총수입금액이라고 말할 수 있다. 또한 제반 비용은 세법에서는 필요경비라는 용어를 통하여 총수입금액에서 공제할 수 있다.

결국 사업소득금액은 해당 과세기간의 총수입금액에서 이에 사용된 필요경비를 공제한 금액으로 하되, 필요경비가 총수입금액을 초과하는 경우에는 초과하는 금액을 결손금이라 한다. 만약 전년도 이전에 총수입금액보다 오히려 필요경비가 더 컸을 경우, 이를 이월결손금이라고 하는데 전년도 이전 사업소득에서 발생한 이월결손금이 있는 경우에는 올해라도 이를 공제할 수 있다.

사업소득금액=총수입금액—필요경비—이월결손금

앞서 설명한 대로 소득세의 사업소득세는 법인세와 유사한 성격을 띠고 있다. 즉 같은 일을 법인이 하면 법인세 과세대상이 되고 개인이 하면 소득세 중 사업소득세 과세대상이 된다.

다양한 총수입금액 알아보기

총수입금액은 우리가 단순히 생각하는 매출 개념 외에도 다양한 형태가 가능하다. 총수입금액의 주요한 항목들을 소개하면 다음과 같다.

1. 과세기간에 수입하였거나 수입할 금액의 합계액

   일반적으로 제조업자, 생산업자 또는 판매업자의 판매가액을 의미한다.

2. 장려금 등

   거래상대방으로부터 받는 장려금, 기타 이와 유사한 성질의 금액은 총수입금액에 산입한다.

3. 관세환급금 환입액

   관세환급금 등 필요경비로 지출된 세액이 환입되었거나 환입될 금액은 총수입금액에 산입한다.

4. 자산수증이익, 채무면제익

   사업과 관련하여 무상으로 받은 자산의 가액과 채무의 면제 또는 소멸로 인하여 발생하는 부채의 감소액은 총수입금액에 산입한다. 다만, 이월결손금의 보전에 충당된 금액은 총수입금액에 산입하지 않는다.

5. 사업용 자산의 손실로 인한 보험차익

사업과 관련하여 해당 사업용 자산의 손실로 취득하는 보험차익은 총수입금액에 산입한다.

6. 가사용으로 소비한 재고자산 등(총수입금액 산입)

거주자가 재고자산 또는 임목(임업)을 가사용으로 소비하거나 이를 종업원 또는 타인에게 지급한 경우에도 이를 소비하거나 지급하였을 때의 가액에 해당하는 금액은 소비하거나 지급한 날이 속하는 과세기간의 총수입금액에 산입한다.

필요경비에 대해서

사업을 하다 보면 매출은 많을수록 좋고 비용은 적을수록 좋다고 생각할 수 있다. 하지만 세금의 측면에서 본다면 오히려 필요경비로 인정되는 금액이 많아질수록 사업소득금액이 줄어들게 되고 절세도 가능할 수 있다.

다시 말해 세법상의 필요경비는 자신의 사업소득세를 절감해 줄 수 있는 고마운 역할을 한다. 필요경비의 주요한 항목들을 예시하면 다음과 같다.

1. 매출원가

① 사업자가 판매한 상품 또는 제품에 대한 원료의
매입가격(매입에누리 및 매입할인금액을 제외)과
그 부대비용.
이 경우 사업용 외의 목적으로 매입한 것을 사
업용으로 사용한 것에 대하여는 당해 사업자가
당초에 매입한 때의 매입가액과 그 부대비용으
로 한다.

② 판매한 상품 또는 제품의 보관료, 포장비, 운반
비, 판매장려금 및 판매수당 등 판매와 관련한
부대비용

2. 종업원의 급여

① 종업원에게 지급되는 봉급, 급료, 보수, 수당, 상
여, 퇴직금 등 이익의 분배에 해당하지 않는 급
여는 필요경비에 산입한다.

② 종업원에는 당해 사업자의 사업에 직접 종사하
고 있는 그 사업자의 배우자 또는 부양가족을
포함하며, 사업자가 그 종업원에게 지급한 경조
금 중 사회통념상 타당하다고 인정되는 범위 안

의 금액은 이를 필요경비에 산입한다.

③ 종업원이 수령하는 자녀학자금이나 급여 성격의 특별격려금, 무사고포상금, 선물대는 과세되는 근로소득의 범위에 포함되고, 필요경비에 산입한다.

3. 사업용 자산에 대한 비용

사업용 자산(그 사업에 속하는 일부 유휴시설을 포함)의 현상유지를 위한 수선비, 사업용 자산에 대한 관리비와 유지비, 사업용 고정자산에 대한 임차료, 사업용 자산의 손해보험료는 필요경비에 산입한다.

4. 사업과 관련된 제세공과금

법률이나 규정 등에 의해 부담하는 사업에 관련이 있는 조세와 공과금으로서 그 연도에 납부할 것이 확정된 공과금은 필요경비에 산입한다.

다만, 법령에 의해 의무적으로 납부하는 것이 아니거나 법령에 의한 의무의 불이행 또는 금지, 제한 등의 위반에 대한 제재로서 부과되는 공과금은 필요경비에 산입하지 않는다.

5. 보험료, 신탁부금, 공제부금 또는 부담금

   퇴직보험 또는 퇴직일시금신탁의 보험료, 신탁부금
   및 건설근로자퇴직공제회에 납부한 공제부금 또는
   부담금 등은 필요경비에 산입한다.

6. 지급이자

   총수입금액을 얻기 위해 직접 사용된 부채에 대한
   지급이자는 필요경비에 산입한다.

7. 사업용 고정자산의 감가상각비

   사업용 고정자산의 감가상각비는 필요경비에 산입
   한다.

8. 대손금

   영업활동에서 발생하는 외상매출금, 미수금, 대여금
   등과 같은 채권 중 사실상 회수가 불가능한 채권에
   대한 대손금은 필요경비에 산입한다.

9. 광고선전비

   광고선전을 목적으로 하는 견본품, 달력, 수첩, 컵,

부채, 기타 이와 유사한 물품 등을 불특정 다수인에
게 기증하기 위해서 지출한 비용은 필요경비에 산
입한다.

신규사업자가 알아야 할 세금

개인으로 할까, 법인으로 할까?

사업을 시작하는 사람들이 처음에 맞이하게 될 고민 중 하나는 개인사업자(개인 또는 개인기업으로도 불린다)로 시작을 할까, 아니면 법인사업자(법인 또는 법인기업으로도 불린다)로 사업을 시작할까 하는 것이다. 개인사업자이든 법인사업자이든 설립에 따른 장점과 단점이 있다 보니 이에 대한 결정은 신중히 해야 한다. 그럼 개인사업자와 법인사업자는 과연 어떤 차이가 있을까?

우선 창업절차와 설립비용을 살펴보자. 법인사업자는 법원에 설립등기를 하는 것부터 시작해서 창업절차가 다소 까다롭다. 또한 자본금, 등록세, 채권매입비용 등의 비용도 소요된다. 이에 반하여 개인사업자는 창업절차가 비교적 쉽고 설립비용이 적게 들 수 있다.

자금 조달과 이익의 분배 차원에서 보면 개인사업자는 창업자 1인의 투자와 노력으로 만들어진 기업이므로 사업에서 발생한 이익을 사용하는 데 제약을 받지 않는다. 즉, 사업수익으로 부동산 또는 사업에 재투자하든지 아니면 대표자가 원하는 것을 할 수 있다. 다만, 자본조달에 한계가 있어 대규모 자본이 소요되는 사업에는 적합하지 않다.

법인사업자는 주주를 통해서 자금을 조달하기 때문에 외부 자본을 투자받아서 사업을 추진할 수 있다. 그러므로 기업경영에서 발생한 이익은 적법한 절차를 통해 사용이 가능하다.

사업 책임과 대외신인도 측면을 살펴보자. 개인사업자는 사업에서 발생하는 모든 부채와 손실에 대한 위험을 대표자 혼자서 책임을 지게 된다. 이에 비하여 법인사업자는 주주인 경우 출자한 지분의 한도 내에서만 책임을 지게 되어 기업이 도산한 경우 피해를 최소화할 수 있다.

세법에서 보면 개인사업자는 종합소득세율 6%에서 35%까지 초과누진세율을 적용받게 되고, 법인사업자는

2억 원의 과세표준까지는 10%, 과세표준 2억 원을 초과하는 경우 20%이다. 따라서 과세표준이 2,160만 원 이하인 경우는 개인사업자가 유리하고 2,160만 원을 초과하는 경우에는 법인사업자가 유리하다.

결국 사업 규모가 작고 매출액이 적은 경우와 외부자본을 투자받을 필요가 없는 경우라면 부담이 적은 개인사업자로 시작을 하고 필요한 경우에 법인사업자로 전환하는 방법을 선택하는 것도 좋은 방법이다.

개인사업자와 법인사업자의 차이는 다음과 같다.

구분	개인사업자	법인사업자
창업절차와 설립비용	관할 관청에 인허가(인허가가 필요한 사업인 경우)를 받고 세무서에 사업자등록을 신청하면 된다.	법원에 설립등기를 해야 하며, 자본금, 등록세, 채권매입비용 등의 설립비용이 필요하다. 보통 법무사를 통해서 설립을 하기 때문에 수수료가 추가된다.
자금의 조달과 이익의 분배	개인 한 사람의 자본에 의지하므로 자본조달에 한계가 있다. 사업에서 발생한 이익을 사용하는 데 제약이 없다.	주주를 통해 자금을 조달하므로 여러 사람을 통해 자금조달이 가능하다. 법인과 주주는 별개이므로 일단 자본금으로 들어가면 배당 등의 형태로만 인출이 가능하다.
사업의 책임과 신뢰도	사업상 발생하는 모든 문제, 부채, 손실에 대하여 사업주가 모두 책임을 져야 한다.	법인의 주주는 출자한 지분 한도 내에서만 책임을 진다. 개인에 비해 대외신뢰도가 높다.
세법상 차이	사업주에게 종합소득세가 과세되는데, 세율은 4단계로 나뉜다.	법인에게는 법인세, 대표자에게는 근로소득세가 과세된다. 배당을 받는 경우 배당소득세가 과세된다.

계속성	대표자가 바뀌는 경우 폐업 후 다시 사업자등록을 내야 하므로 계속성에 한계가 있다.	대표자가 변경되는 경우에도 법인은 그대로 존속하는 것이므로 기업의 계속성이 보장된다.
기타	·소규모 사업자의 경우 간단하게 세무신고를 할 수 있다. ·사업자의 변동 사항에 대해 세무서 등에 신고만으로 처리가 된다.	·복식부기의무가 있으므로 세무회계처리 능력이 필요하고, 만약 대행을 의뢰하는 경우 수수료가 추가된다. ·법인 관련 변동 사항에 대하여 등기를 해야 한다.

소규모 사업자의 간편장부

사업자는 소득금액을 계산할 수 있도록 증빙서류 등을 비치하고 그 사업에 관한 모든 거래사실이 객관적으로 파악될 수 있도록 복식부기에 의해 장부에 기록·관리하여야 하는데, 이를 '복식부기의무자'라 한다. 복식부기란 기업의 자산과 자본의 변동증감 상황을 대변과 차변으로 구분하여 이중기록계산이 되게 하는 정규의 부기형식을 갖춘 장부를 말하는 것이다.

차변과 대변을 이용한 회계시스템에서는 회계거래가 발생하여 계정에 기록할 때 반드시 1개 이상의 차변기입과 이에 대응하는 1개 이상의 대변기입, 즉 적어도 상호 대응되는 2개의 기입이 동시에 이루어진다. 한 거래를 대차양변에 동시에 기입함으로써 대차변의 각 합계가 일치

되어 대차평균의 원리가 성립되며, 이 원리에 의해 자기 통제기능 또는 자동검증기능을 수행할 수 있게 된다.

그러나 대통령령이 정하는 일정 규모 미만의 사업자가 간편장부를 비치하고 그 사업에 관한 거래사실을 성실히 기재한 경우에는 장부를 비치·기장한 것으로 보는데, 이 때 당해 연도 신규개업자나 직전 연도 수입금액이 일정 규모 미만인 사업자를 '간편장부대상자'라 한다.

일정 규모 이상 사업자는 복식부기의무자로서 장부를 기초로 작성한 재무제표를 확정신고할 때 제출하지 않으면 신고가 없는 것으로 보아 가산세가 부과되지만 일정 규모 미만 사업자는 재무제표를 제출하지 않아도 가산세가 적용되지 않는다. 이는 기장능력이 부족한 영세사업자에게 기장을 강제하기 곤란하다는 것을 고려한 것이나 성실하게 기장하는 사업자와의 형평을 해치게 된다.

이에 따라 일정 규모 미만 사업자의 성실기장을 유도하기 위해 당해 사업자가 간편장부를 비치하고 그 사업에 관한 거래사실을 성실히 기재하는 경우에는 산출세액에서 일정한 세액을 공제하도록 하고 있는데 이를 기장세액공제제도라 한다. 간편장부대상자가 당해 장부를 비치·기장한 때에는 그 종합소득 산출세액에서 사업소득금액이 차지하는 비율을 곱하여 계산한 금액의 100분의 10에 상당하는 금액을 공제한다. 이 금액을 '기장세액공제액'이라 하며, 공제한도액은 100만 원이다.

기장세액공제는 다음과 같다. 간편장부대상자가 '종합소득 과세표준 확정신고'를 함에 있어서 비치·기장한 장부에 의해 소득금액을 계산하고 기업회계기준을 준용하여 작성한 대차대조표, 손익계산서 등 재무제표와 부속서류 또는 '간편장부 소득금액계산서'를 제출하는 경우에는 '종합소득 산출세액'에서 기장세액공제를 한다.

기장세액공제액의 계산은 다음의 산식에 의한다.

$$공제액 = 종합소득\ 산출세액 \times (기장된\ 종합소득금액\ /\ 종합소득금액) \times 공제율\ 20\%(5\%)$$

이때 적용되는 공제율은 다음과 같다.

1. 간편장부대상자가 간편장부를 기장한 경우 : 5%
   (2011년 귀속분부터 공제 불가)
2. 간편장부대상자가 복식장부를 기장한 경우 : 2007년 (15%), 2008년 이후(20%)

기장세액 공제액이 100만 원을 초과하는 경우에는 100만 원을 공제한다.

하지만 다음 중 하나에 해당하는 경우에는 기장세액공제를 하지 않는다.

1. 비치·기장한 장부에 의해 신고하여야 할 소득금액의 20% 이상을 누락하여 신고한 경우
2. 기장세액공제와 관련된 장부 및 증빙서류를 해당 과세표준 확정신고 기간종료일부터 5년간 보관하지 않은 경우. 다만, 천재·지변 등 부득이한 사유에 해당하는 경우에는 예외로 인정한다.

1년에 한 번으로는 부족하다! 중간예납

소득세는 1월 1일부터 12월 31일까지를 한 기간으로 하여 다음 연도 5월 31일까지 소득세를 신고 및 납부해야 한다. 사업소득자 역시 소득세의 납부 의무가 있으므로 이 의무를 따라야 한다. 하지만 국가 입장에서 보면 1년에 한 번의 납부로는 재정의 확보 및 원활한 운영이 불가능할 수

있다.

 이런 이유로 소득세법에서 과세기간 중간에 중간예납기간을 정해 세액의 일부를 납부하도록 하는 제도를 중간예납이라고 한다. 세법은 과세기간이 모두 지난 후에 확정된 소득금액에 의해 과세하는 것을 원칙으로 하고 있지만, 조세수입의 조기확보, 부담의 분산 내지는 조세회피의 미연방지 등을 위해 이 제도를 두고 있는 것이다. 전년도 소득세의 1/2을 납부하는 것이 원칙이다. 소득세의 경우, 소득세 확정신고를 할 때 연간 총소득에 대한 납부할 세금에서 미리 낸 중간예납세액을 차감하고, 남은 금액을 납부하거나 환급받게 되어 있다.

 소득세법의 경우, 과세당국은 사업소득이 있는 자에 대하여 1월 1일부터 6월 30일까지의 기간을 중간예납기간으로 하여 전년도에 종합소득에 대한 소득세로서 납부하였거나 납부할 세액의 2분의 1에 상당하는 금액(중간예납세액)을 소득세로 하여 11월 30일까지 이를 징수한다.

사업자를 위한 다양한 조세지원제도

중소기업투자세액공제

중소기업투자세액공제는 중소기업의 사업용 고정자산 투자에 일반적으로 적용될 수 있는 투자세액공제 규정이다. 최근에는 POS설비, 정보보호 시스템설비와 같은 비품에 확장 적용할 수 있으므로 사업자에게 유용한 제도가 될 수 있다.

중소기업을 영위하는 내국인이 다음에 해당하는 자산에 투자(중고품에 의한 투자를 제외한다)한 경우에는 그 투자를 완료한 날이 속하는 과세연도의 사업소득세에서 세액공제를 한다.

1. 기계장치 등 해당 사업에 주로 사용하는 사업용 유형자산

2. 판매시점 정보관리 시스템(POS) 설비

3. 정보보호 시스템설비(감가상각기간이 2년 이상인 설비)

투자세액공제액은 다음과 같이 산출할 수 있다.

$$투자세액공제액 = 당해\ 투자금액 \times 3\%$$

중소기업투자세액공제 규정에서는 다음의 2가지에 유의하여야 한다.

1. 투자가 2개 이상의 과세연도에 걸쳐서 이루어지는 경우의 투자금액 계산 규정은 각종의 투자세액공제를 할 때에도 준용하는 규정이다.

2. 수도권과밀억제권역의 투자에 대하여는 각종의 투자세액공제를 배제하는 것이 원칙이나, 중소기업투자세액공제 중 정보보호 시스템설비에 대하여는 배제되지 않는다.

창업중소기업 등에 대한 세액감면은 제조업, 광업, 지식기반산업을 기초로 한 중소기업 창업에 대하여 소득발생 후 4년간 50% 상당의 소득세, 법인세의 감면을 보장함으로써 중소기업 창업을 지원하고자 하는 규정이다.

이 규정을 적용받을 수 있는 대상기업은 다음과 같다.

1. 수도권과밀억제권역 외의 지역에서 창업한 중소기업
2. 창업보육센터 사업자로 지정받은 내국인
3. 벤처기업으로서 창업 후 3년 내에 벤처기업으로 확인받은 기업

해당 사업에서 최초로 소득이 발생한 과세연도(사업개시일로부터 5년이 되는 날이 속하는 과세연도까지 당해 사업에서 소득이 발생하지 아니하는 경우에는 5년이 되는 날이 속하는 과세연도)와 그 다음 과세연도의 개시일로부터 3년 이내에 종료하는 과세연도까지 당해 사업에서 발생한 소득에 대한 소득세를 다음과 같이 감면한다.

$$감면세액 = 총산출세액 \times \frac{감면대상소득금액}{총과세표준} \times 50\%$$

*세액감면의 경우 기간감면은 모두 대상 업종이 있고, 따라서 감면사업의 구분경리에 따라 감면사업과 기타사업을 구분경리하며 소득구분계산서에 의해 감면대상소득금액을 산출한다.

이 규정을 적용함에 있어서 다음에 해당하는 경우에는 이를 창업으로 보지 않는다.

1. 합병, 분할, 현물출자 또는 사업의 양수를 통하여 종전의 사업을 승계하거나 종전의 사업에 사용되던 자산을 인수 또는 매입하여 동종의 사업을 영위하는 경우
   다만, 인수·매입자산가액의 합이 사업개시 당시 토지와 감가상각자산의 총가액에서 차지하는 비율이 30% 이하인 경우를 제외한다.
2. 거주자가 영위하던 사업을 법인으로 전환하여 새로운 법인을 설립하는 경우
3. 폐업 후 사업을 다시 개시하여 폐업 전의 사업과 동종의 사업을 영위하는 경우
4. 사업을 확장하거나 다른 업종을 추가하는 경우 등 새로운 사업을 최초로 개시하는 것으로 보기 곤란한 경우

중소기업에 대한 특별세액감면은 일반적인 중소기업 업종에 적용되는 일반감면규정으로 중소기업의 소득세 부담을 줄여 중소기업의 사업활동을 지원하고자 하는 규정이다.

감면세액은 다음과 같이 산출할 수 있다.

$$감면세액 = 총산출세액 \times \frac{감면대상소득금액}{총과세표준} \times 감면율$$

이 산식에서의 감면율은 다음과 같이 소기업 여부와 지역 및 업종에 따라 달라진다.

구분	감면율
소기업의 사업장	① 도매업, 소매업, 의료업 : 10% ② 수도권 안(도매업 등 제외) : 20% ③ 수도권 밖(도매업 등 제외) : 30%
중기업의 사업장	① 수도권 외 도매업 등 : 5% ② 수도권 안(지식기반산업) : 10% ③ 수도권 밖(도매업 등 제외) : 15%

소기업의 범위

소기업이라 함은 중소기업 중 상시 사용하는 종업원수가 다음 요건을 충족하는 기업을 말한다.

① 제조업을 주된 사업으로 영위하는 경우에는 100명 미만일 것

② 축산업, 광업, 건설업, 출판업, 물류산업 또는 운수업 중 여객운송업을 주된 사업으로 영위하는 경우에는 50명 미만일 것

③ 기타의 사업을 주된 사업으로 영위하는 경우에는 10명 미만일 것

지식기반산업의 범위

지식기반산업이란 엔지니어링사업, 부가통신업, 연구 및 개발업, 컴퓨터 프로그래밍, 시스템 통합 및 관리업, 영화·비디오물 및 방송프로그램 제작업, 전문디자인업, 오디오물 출판 및 원판 녹음업, 광고업 중 광고물 작성업, 소프트웨어 개발 및 공급업, 방송업, 정보서비스업을 말한다.

기업의 어음제도개선을 위한 세액공제

약속어음의 부도에 따른 중소기업의 연쇄도산을 방지하기 위해 구매기업이 구매대금을 환어음 등 현금화가 용이한 방식으로 결제할 경우 구매기업에 대한 세제지원 규정이다.

중소기업을 영위하는 내국인이 중소기업에게 지급한 구매대금(중소기업이 아닌 내국인이 네트워크론 제도를 이용하여 중소기업에게 지급하는 구매대금을 포함한다) 중 다음에 의해 지급하는 경우에 세액공제를 받을 수 있다.

1. 환어음 및 판매대금추심의뢰서로 결제한 금액
2. 기업구매전용카드의 사용금액
3. 외상매출채권담보대출 제도를 이용하여 지급한 금액
4. 구매론 제도를 이용하여 지급한 금액
5. 네트워크론 제도를 이용하여 지급한 금액(판매기업이 대출받은 금액을 한도로 한다)

조세특례 요건에 해당하는 경우 다음 금액의 합계액을 사업소득세에서 공제한다. 다만, 공제받는 금액이 당해 과세연도 사업소득세의 10%를 초과하는 경우에는 10%를 한도로 한다.

1. 지급기한 등이 30일 이내인 경우

세액공제액=(환어음 등 결제액—약속어음결제액)×0.5%

(비중소기업이 네트워크론을 통해 중소기업에 지급하는

구매대금의 경우에는 0.4%)

* 약속어음결제액의 적용에 있어서 대금결제기한이 30일 이내분부터 먼저 공제
하고 잔액은 30일 초과 60일 이내분에서 공제한다.

2. 지급기한 등이 30일 초과 60일 이내인 경우

세액공제액=(환어음 등 결제액—약속어음결제액)×0.15%

Seven Days Master Series
7

양도소득세를 알아야 절세를 할 수 있다

서울에 거주하는 정지용 씨는 최근 큰 고민에 빠졌다. 월급을 아껴 가며 10년 전에 2억 원에 어렵게 구입했던 아파트가 최근에 5억 원까지 올랐기 때문이다. 아파트 가격이 오른 것이야 환영할 만한 일이지만 조만간 이사 계획을 가지고 있는 정지용 씨의 계산으로는 대략 구해 본 양도차익만 해도 3억 원에 달하고, 만약 이에 대한 소득세 최고세율인 35%를 적용한다면 어림잡아 1억 원에 해당하는 세금을 납부해야 하기 때문이다.

이렇듯 양도소득에 대하여 납부해야 하는 양도소득세는 자칫 거주 이전의 자유마저 침해할 수 있다. '구더기

무서워 장 못 담근다'라는 속담이 있듯이, 양도소득세가 무서워서 이사도 마음대로 할 수 없는 지경에 이를 수도 있는 일이다.

이런 폐단을 막기 위해서 과세당국은 1세대 1주택 비과세의 요건을 마련해 두고 있다. 그렇다면 과연 어느 경우에 양도소득세를 납부해야 할까? 그리고 1세대 1주택 비과세 요건은 무엇일까?

양도소득세 번지수 찾기

소득세는 앞서 설명한 대로 개인의 수입을 종합적으로 파악하여 이것을 그 개인의 소득으로 하고 그 소득을 직접 과세객체로 하여 과세하는 조세를 말한다. 소득세의 과세대상이 되는 개인소득은 그 종류에 따라 종합소득(이자소득, 배당소득, 사업소득, 근로소득, 연금소득 및 기타소득), 퇴직소득, 양도소득 등으로 분류된다.

즉 여기서 다루는 양도소득세는 결국 개인이 부담하는 개인소득세 내에 있는 세부 세목 가운데 하나라고 분류할 수 있다.

양도란?

양도란 권리, 재산, 법률상의 지위 등을 그 동일성을 유지하면서 자신의 자산을 타인에게 이전하는 것을 말한다. 이전하여 넘기는 자를 양도인이라 하고 이를 받는 자를 양수인이라고 한다. 양도의 방식은 양도의 목적물이 무엇이냐에 따라 각각 따로 규정되어 있는 것이 보통이다. 세무상으로는 실질과세의 원칙에 따라 양도라는 것은 자산에 대한 등기 또는 등록에 관계없이 매도, 교환, 법인에 대한 현물출자 등에 따라 그 자산이 유상으로 사실상 이전되는 것을 말한다.

양도소득의 범위

그렇다면 무엇이든 팔기만 하면 다 양도소득의 범위에 해당할까? 만약 거의 헐값에 산 자동차를 반 년 후에 50만 원 이상 가격을 올려서 파는 경우에도 과연 양도소득의 범위에 해당할까?

양도소득은 자산의 양도로 인해 발생하는 소득을 말하는데, 이에 대한 과세는 자산의 가치상승에 따라 자산 소유자가 갖게 되는 증가익(자산 가치의 증가분)을 소득으

로 하여 그 자산이 소유자의 지배를 떠나 타인에게 이전
되는 것을 기회로 과세하는 것이라고 보아야 한다. 양도
소득은 아래와 같이 법에 열거된 대상을 양도할 때에만
과세 요건에 해당한다.

1. 토지 또는 건물(건물에 부속된 시설물과 구축물을 포
   함)의 양도로 발생하는 소득
2. 부동산에 관한 권리의 양도로 발생하는 소득
   ① 부동산을 취득할 수 있는 권리
   ② 지상권
   ③ 전세권과 등기된 부동산임차권
3. 아래의 주식 또는 출자지분의 양도로 발생하는 소득
   ① 주권상장법인의 주식 등으로서 소유주식의 비
     율, 시가총액 등을 고려하여 대통령령으로 정하
     는 대주주가 양도하는 것과 같은 법에 따른 증권
     시장에서의 거래에 의하지 않고 양도하는 것
   ② 주권상장법인이 아닌 법인의 주식 등
4. 다음에 해당하는 기타자산의 양도로 발생하는 소득
   ① 사업용 고정자산과 함께 양도하는 영업권(영업권
     을 별도로 평가하지 아니하였으나 사회통념상 자산

에 포함되어 함께 양도된 것으로 인정되는 영업권과 행정관청으로부터 인가, 허가, 면허 등을 받음으로써 얻는 경제적 이익을 포함한다.)

② 이용권, 회원권, 그 밖에 그 명칭과 관계없이 시설물을 배타적으로 이용하거나 일반이용자보다 유리한 조건으로 이용할 수 있도록 약정한 단체의 구성원이 된 자에게 부여되는 시설물 이용권

③ 주식 등의 주권 또는 출자증권을 발행한 법인의 주주의 구성, 부동산의 보유 현황 또는 사업의 종류 등을 고려하여 대통령령으로 정하는 자산

| 참고자료 | 대주주란?

1. 법인의 주식 또는 출자지분을 소유하고 있는 주주 또는 출자자 1인 및 그와 친족, 그 밖의 특수관계에 있는 자가 주식 등의 양도일이 속하는 사업연도의 직전사업연도 종료일 현재 해당 법인의 주식 등의 합계액의 100분의 3(코스닥시장 상장법인의 주식은 100분의 5) 이상을 소유한 경우의 해당 주주 1인 및 기타주주. 이 경우 직전사업연도 종료일 현재에는 100분의 3에 미달하였으나 그 후 주식 등을 취득함으로써 100분의 3 이상을 소유하게 되는 때에는 그 취득일 이후의 주주 1인 및 기타주주를 포함한다.

2. 주식 등의 양도일이 속하는 사업연도의 직전사업연도 종료일 현재 주주 1인 및 기타주주가 소유하고 있는 해당 법인의 주식 등의 시가총액이 100억 원(코스닥 시장 상장법인의 주식 등은 50억 원) 이상인 경우의 해당 주주 1인 및 기타주주

비과세 양도소득에서 꼭 알아야 할 것, 1세대 1주택

월급을 열심히 모아서 10년 전에 어렵게 아파트를 구입한 정지용 씨는 자신의 아파트가 양도로 인해 과세되는지 확인해 보고 싶다. 자신은 투기 목적으로 아파트를 구입했던 것도 아니고, 주거 목적으로 아파트를 구입한 데다가 이번에 양도하는 것도 개인적으로 피할 수 없는 사유로 이사를 가야 하기 때문이다.

대다수의 선량한 주택 양도의 경우 과세 당국은 양도소득세를 과세하지 않는다. 이를 가리켜 이른바 '1세대 1주택의 비과세 양도소득'이라고 한다. 1세대 1주택(실제거래가액 9억 원을 초과하는 고가주택은 제외한다)과 이에 딸린 토지(주택 부수토지)의 양도로 발생하는 소득을 비과세하는 것이다.

　좀 더 구체적으로 설명하자면, 본인 및 그 배우자, 그들과 동일한 주소 또는 거소에서 생계를 같이하는 가족과 함께 구성하는 1세대가 양도일 현재 국내에 1주택을 보유하고 있는 경우로서 해당 주택의 보유기간이 3년 이상인 것(서울특별시, 과천시 및 「택지개발촉진법」 제3조에 따라 택지개발 예정지구로 지정·고시된 분당, 일산, 평촌, 산본, 중동 신도시지역에 소재하는 주택의 경우에는 해당 주택의 보유기간이 3년 이상이고 그 보유기간 중 거주기간이 2년 이상인 것)을 말한다. 여기서 가족이라 함은 거주자와 그 배우자의 직계존비속(그 배우자를 포함한다) 및 형제자매를 말하며, 취학·질병의 요양, 근무상 또는 사업상의 형편으로 본래의 주소 또는 거소를 일시 퇴거한 자를 포함한다.

　다만, 1세대가 양도일 현재 국내에 1주택을 보유하고 있는 경우로서 다음의 어느 하나에 해당하는 경우에는 그 보유기간 및 거주기간의 제한을 받지 않는다.

1. 「임대주택법」에 의한 건설임대주택을 취득하여 양도하는 경우로서 당해 건설임대주택의 임차일로부터 당해 주택의 양도일까지의 거주기간이 5년 이상인 경우
2. 다음의 어느 하나에 해당하는 경우

① 주택 및 그 부수토지의 전부 또는 일부가 「공익사업을 위한 토지 등의 취득 및 보상에 관한 법률」에 의한 협의매수, 수용 및 그 밖의 법률에 의해 수용되는 경우

② 「해외이주법」에 따른 해외이주로 세대 전원이 출국하는 경우. 다만, 출국일 현재 1주택을 보유하고 있는 경우로서 출국일로부터 2년 이내에 양도하는 경우에 한한다.

③ 1년 이상 계속하여 국외거주를 필요로 하는 취학 또는 근무상의 형편으로 세대 전원이 출국하는 경우. 다만, 출국일 현재 1주택을 보유하고 있는 경우로서 출국일로부터 2년 이내에 양도하는 경우에 한한다.

3. 1년 이상 거주한 주택을 기획재정부령이 정하는 취학·근무상의 형편, 질병의 요양 기타 부득이한 사유로 양도하는 경우

독신남녀에게는 악법인 1세대 1주택?

앞서 1세대 1주택의 비과세 요건을 살펴보았다. 1세대

1주택은 주택 소유자에게 양도소득세를 과세하지 않은 커다란 혜택이라고 평가받을 수 있다.

하지만 '1세대'의 요건은 본인과 배우자가 있어야 한다. 바꾸어 말하면 본인 소유의 주택이 있는 독신남녀는 배우자가 없다는 이유로 1세대를 구성할 수 없다. 그렇다면 그들에게는 1세대 1주택의 혜택이 없는 것일까?

이런 폐단을 막기 위해서 '1세대의 구성'에는 다음과 같은 특례 규정이 있다. 아래의 경우에 해당할 경우에는 배우자가 없어도 1세대의 구성이 가능하다.

1. 당해 거주자의 연령이 30세 이상인 경우
2. 배우자가 사망하거나 이혼한 경우
3. 소득이 「국민기초생활 보장법」 제2조 제6호의 규정에 따른 최저생계비 수준 이상으로서 소유하고 있는 주택 또는 토지를 관리·유지하면서 독립된 생계를 유지할 수 있는 경우(다만, 미성년자의 경우를 제외하되, 미성년자의 결혼, 가족의 사망 그 밖에 기획재정부령이 정하는 사유로 1세대의 구성이 불가피한 경우에는 제외하지 않는다)

정지용 씨는 자신의 이번 주택 매매가 다행히도 1세대 1주택에 해당한다는 사실을 알게 되었다. 비록 3억 원 정도의 양도차익이 발생한다 해도 서울에서 3년 보유 중 2년 거주의 요건을 모두 만족했기 때문이다.

하지만 언제나 자신의 의지대로 세상 일이 돌아가는 것은 아니듯이, 정지용 씨에게도 커다란 문제가 생겼다. 자신이 이전에 거주하던 아파트가 부동산 불경기로 쉽게 처분이 되지 않는 상황에서 새로 전입할 아파트를 먼저 구입하게 된 것이다. 정지용 씨는 언젠가 처분될 기존의 아파트를 매매할 때에는 분명 본인은 1세대 1주택의 혜택을 받을 수 없다는 걱정이 들었다. 그러나 이 경우 1세대 1주택의 특례 규정을 알아 둘 필요성이 있다.

1. 국내에 1주택을 소유한 1세대가 그 주택을 양도하기 전에 다른 주택을 취득(자기가 건설하여 취득한 경우를 포함한다)함으로써 일시적으로 2주택이 된 경우 다른 주택을 취득한 날로부터 2년 이내에 종전의 주택을 양도하는 경우에는 이를 1세대 1주택으로 본다.

이 경우 종전의 주택 및 그 부수토지의 일부가 협의 매수되거나 수용되는 경우로서 당해 잔존하는 주택 및 그 부수토지를 그 양도일 또는 수용일로부터 2년 이내에 양도하는 때에는 당해 잔존하는 주택 및 그 부수토지의 양도는 종전의 주택 및 그 부수토지의 양도 또는 수용에 포함되는 것으로 본다.

2. 상속받은 주택과 그 밖의 주택(일반주택)을 국내에 각각 1개씩 소유하고 있는 1세대가 일반주택을 양도하는 경우에는 국내에 1개의 주택을 소유하고 있는 것으로 본다.

3. 공동상속주택(상속으로 여러 사람이 공동으로 소유하는 1주택을 말한다) 외의 다른 주택을 양도하는 때에는 당해 공동상속주택은 당해 거주자의 주택으로 보지 않는다.

4. 1주택을 보유하고 1세대를 구성하는 자가 1주택을 보유하고 있는 60세 이상의 직계존속(배우자의 직계존속을 포함한다)을 동거봉양하기 위해 세대를 합침으로써 1세대가 2주택을 보유하게 되는 경우에는 합친 날로부터 5년 이내에 먼저 양도하는 주택은 이를 1세대 1주택으로 본다.

5. 1주택을 보유하는 자가 1주택을 보유하는 자와 혼인함으로써 1세대가 2주택을 보유하게 되는 경우 그 혼인한 날로부터 5년 이내에 먼저 양도하는 주택은 이를 1세대 1주택으로 본다.

양도담보는 채권담보의 목적으로 일정한 재산을 양도하고, 채무자가 채무를 이행하지 않는 경우에 채권자는 목적물로부터 우선변제를 받게 되나, 채무자가 이행을 하는 경우에는 목적물을 채무자에게 반환하는 방법에 의한 담보를 말한다. 즉 담보물의 소유권을 채권자에게 양도하고, 일정 기간 내에 변제하면 담보물의 소유권을 반환 받는 담보 또는 그런 제도이다. 세무상은 고정자산을 양도담보로 한 경우에 당해 담보에 관련된 자산을 채무자가 종전과 같이 사용·수익하는 것 및 이자율, 상환기한 등이 계약상 명시되어 있는 것과 같이 일정한 요건이 충족되어 있는 때에 한하여 양도담보가 양도로서 취급되지 않는다. 이러한 경우에 있어서 그 후 그 요건에 해당되지 않게 되는 때 또는 채무불이행으로 인하여 변제에 충당되는 때에는 양도가 있는 것으로 취급하게 된다. 또한 형식상 환매조건부매매 또는 재매매의 예약으로 되어 있는 것이라 하여도 일정한 요건에 해당하는 것은 양도담보로서 취급된다.

양도소득세, 이렇게 구한다

양도소득세 산출 구조

양도가액	실제거래가액
−	
취득가액	실제거래가액
−	
필요경비	양도비 등 실제 경비
↓	
양도차익	
−	

장기보유 특별공제

↓

양도소득 금액

−

양도소득 기본공제

↓

양도소득 과세표준

×

세율

↓

산출세액

−

감면세액

−

예정신고납부 세액공제

↓

자진납부할 세액

양도가액이란 양도가격을 뜻하는데, 일반적으로는 토지 등을 매도, 교환, 현물출자 등 유상으로 양도하고, 그

대가로 받은 가격을 말한다. 양도가액은 양도차익계산에 있어 총수입금액 또는 익금(이익금)이 되는데, 양도차익 계산에 있어 양도가액이 계약서 등에 의해 확인되는 것은 실제거래가액이라 하고, 거래가액이 확인되지 아니할 때에는 거래가액을 의제(본질은 같지 않지만 법률에서 다룰 때는 동일한 것으로 처리하는 것)한 기준시가를 양도가액으로 본다. 자산의 양도로 인하여 발생한 총수입금액을 말한다.

취득가액이란 양도차익 계산에 있어 필요경비로 공제하는 금액으로서, 취득의 대가 또는 취득의 대가로 의제하는 것을 말한다. 취득의 대가라고 하면 양도자와 취득자 간의 자산매매계약에 의한 실제거래금액을 말하며, 취득가액의 의제란 취득가액이 불분명할 때 세무계산상 취득가액을 정한 것으로서 기준시가를 말한다. 이것은 기초원가라고도 하며 자산의 최초 구입가격 또는 자가제작이나 건설의 경우 제조원가 또는 건설원가에다 목적에 맞게 사용가능하도록 하는 데 소요된 일체의 부대비용을 합계한 금액이다.

그리고 고정자산 취득 후에 발생되는 수선비 등의 자본적 지출도 취득원가에 가산한다. 일반적으로 기초가격이라고도 하며, 이러한 취득원가는 감가상각액 또는 감가상각률의 산정상 그 기준이 될 금액이며, 또한 상각할 최고한도액이다. 한편 지방세법에서 취득 당시의 가액은 취득자가 신고한 가액에 의한다고 되어 있다.

필요경비라 함은 양도소득금액의 계산에 있어 필요경비로 공제하는 비용으로, 양도소득과세 대상자산을 양도하기 위해 직접 지출한 비용과, 증권거래세법에 의해 납부한 증권거래세를 말한다.

양도하기 위해 직접 지출한 비용은 계약서 작성비용, 공증비용, 인지세 등을 말하며, 양도자가 양도하는 토지 위에 무허가건물을 철거하고, 철거민에게 이사비용을 지급한 경우의 그 비용, 부동산의 등기 또는 등록비용을 양도자가 부담할 때 그 등록 또는 등기비용이 양도비에 포함된다. 양도비는 반드시 양도와 직접적으로 관련 있는 비용이어야 한다.

장기보유특별공제액의 계산

장기보유특별공제액은 보유기간이 3년 이상인 장기보유자산에 대하여 그 양도소득금액을 산정할 때에 일정액을 공제하여 줌으로써 건전한 부동산의 투자행태 내지 소유행태를 유도하려는 세제상의 장치이다.

장기보유특별공제액은 다음과 같이 산정한다.

장기보유특별공제액

=(실제양도가액—실제취득가액—기타 필요경비)

×보유기간에 따른 공제율

공제율은 다음과 같다.

보유기간	1주택 *	1주택 외
	2009년 1월 1일 이후	2008년 1월 1일 이후
3년 이상 4년 미만	24	10
4년 이상 5년 미만	32	12
5년 이상 6년 미만	40	15
6년 이상 7년 미만	48	18
7년 이상 8년 미만	56	21
8년 이상 9년 미만	64	24
9년 이상 10년 미만	72	27
10년 이상	80	30

* 비과세 여부와 상관없이 양도 당시 1주택이면 적용(비거주자는 적용되지 않음)
　- 일시적 2주택 등
　- 비과세 요건 갖춘 고가주택으로 9억 원 초과 과세되는 주택
　- 거주 요건 미충족으로 비과세되지 않는 1주택자

이때 보유기간의 계산은 양도자산의 취득일로부터 양

도일까지로 계산한다. 또한 상속받은 자산을 양도하는 경우에는 상속개시일을 기점으로 삼아 계산한다.

장기보유특별공제 적용대상은 3년 이상 보유하고 양도하는 토지, 건물을 말한다(미등기 제외).

| 참고자료 | 장기보유특별공제 제외 대상
① 토지, 건물이 아닌 자산
② 보유기간 3년 미만의 부동산
③ 미등기 양도자산
④ 1세대 2(3)주택 이상자가 양도하는 주택
⑤ 비사업용 토지

양도소득금액 및 양도소득기본공제

양도소득금액은 자산의 양도가액에서 필요경비(취득가액 등)와 장기보유특별공제액을 차감한 금액(양도소득금액＝양도가액－필요경비－장기보유특별공제)이다. 양도소득금액은 연도별로 종합하여 과세하는 것이므로 각 과세기간에 발생한 양도소득을 통틀어 계산한다. 즉 동일한 과세기간에 여러 번의 양도가 있을 때 양도차손이 발생한 자산이 있는 경우 다른 자산에서 발생한 양도소득금액에서 그 양도차손을 공제한다.

양도소득기본공제란 양도소득세과세표준을 계산함에 있어서 양도소득금액에서 부동산, 부동산에 관한 권리 및 기타자산의 양도소득, 주식(기타자산 제외)의 양도소득별로 연 1회에 한하여 250만 원을 공제하여 주는 것을 말한다.

양도소득기본공제는 모든 양도소득세 과세대상자산에 대하여 공제하는 것이지만, 토지, 건물, 부동산에 관한 권리로서 보유기간이 2년 미만인 자산과 미등기 양도자산에 대하여는 소득공제 및 장기보유특별공제액을 공제하지 않는다.

양도소득과세표준 및 양도소득세율

양도소득과세표준이란 양도소득세 세액산출의 기초가 되는 과세대상가액을 말하는 것으로서 양도소득세율을 곱하기 직전의 금액을 말한다. 양도소득에서 기초공제금액만 공제하여 과세표준을 계산한다.

양도소득세 세율은 다음과 같다.

토지 · 건물, 부동산에 관한 권리

구분		2010년 1월 1일 이후 양도		
보유기간	2년 이상	과세표준	누진세율	누진공제
		1,200만 원 이하	6%	–
		4,600만 원 이하	15%	108만 원
		8,800만 원 이하	24%	522만 원
		8,800만 원 초과	35%	1,490만 원
	1년 이상 2년 미만	40%		
	1년 미만	50%		
• 1세대 2주택자의 주택 • 1세대의 주택과 입주권을 각 1개씩 보유한 경우 그 주택		보유기간 2년 이상 : 누진세율(6~35%)		

• 1세대 3주택 이상자의 주택
• 1세대의 주택과 입주권의
  합이 3 이상인 경우의
  그 주택
		일반지역	2년 이상 : 누진세율	

		지정지역	2년 이상 : 누진세율 +10%	
• 비사업용 토지 등		일반지역	2년 이상 : 누진세율	
		지정지역	2년 이상 : 누진세율 +10%	
• 미등기 양도		70%		

기타자산

보유기간 제한 없음	6~35% 누진세율

양도소득세 납부절차

양도소득세 신고서 및 납부서를 준비할 때에는 아래의 양식들을 마련해야 한다(부록 참고).

1. 양도소득과세표준 신고 및 자진납부계산서
2. 양도소득금액 계산명세서
3. 취득가액 및 필요경비계산 상세명세서
4. 양도소득세 및 지방소득세 납부서

또한 신고서에 첨부할 부속서류 중 다음에 해당하는 경우에 미리 준비해야 한다.

1. 납세자 제출 서류

　① 당해 자산의 매도·매입에 관한 계약서 사본

　　㉠ 환지확정 전에 취득한 토지인 경우 : 환지예정

　　　지 증명원, 잠정등급 확인원 등

　② 자본적지출액·양도비 증빙자료, 감가상각비명세 등

　　(예 : 중개수수료 지급액, 신고서 작성비용, 법무사수수

　　료 지급액 등)

2. 일괄 확인가능 서류

　① 토지·건물 등기부등본, 토지대장 및 건축물대장

　　등본, 개별공시지가 확인원

양도소득세 신고기한, 신고장소 및 세금납부에 대한 개요는 다음과 같다.

1. 양도소득세 신고기한

　① 예정신고·납부기한 : 양도일이 속하는 달의 말일

　　부터 2월 이내

　　예를 들어 양도일이 2010년 2월 10일인 경우, 예

　　정신고기한은 2010년 4월 30일까지이다. 이때,

　　우편제출 시 신고일자는 「우편법」에 의한 통신일

부인(우체국 소인)이 찍힌 날이다.

2. 확정신고·납부기한 : 양도한 연도의 다음 연도 5월 1일부터 5월 31일까지이다.

3. 양도소득세 신고 장소

① 양도자의 주소지를 관할하는 세무서(직접 또는 우편으로 제출)

2009년까지는 양도소득세를 예정신고납부할 경우 10%의 예정신고 세액공제를 하였으나, 2010년부터는 예정신고납부에 따른 세액공제가 폐지되고 예정신고를 하지 않으면 무신고가산세가 부과된다.

다만 2010년에는 경과규정을 두어 2년 이상 보유한 부동산을 양도한 경우에 5%의 예정신고 세액공제를 적용하고, 예정신고를 하지 않으면 10(20)%의 무신고가산세와 납부불성실가산세가 부과된다.

향후 2011년 1월 1일 이후 양도분에 대해서는 예정신고 세액공제가 완전 폐지되고, 무신고 시 20%의 가산세가 부과될 예정이다.

또한 동일 연도에 부동산 등을 여러 건 양도한 경우에는 예정신고와 함께 다음 해 5월에 종합하여 확정신고를 해야 한다. 이런 이유로, 반드시 양도소득세 예정신고납부를 하여 무신고가산세가 부과되는 등 불이익이 없어야 하겠다.

Seven Days Master Series

7

step 7

부가가치세
정복하기

부가가치세 기초개념 따라잡기

부가가치세는 패밀리 레스토랑에만 과세된다?

김택용 씨는 여자 친구인 민슬기 씨와 얼마 전 패밀리 레스토랑에서 저녁 식사 겸 데이트를 한 적이 있다. 맛있는 스테이크와 후식까지 모두 먹고 나서 포만감이 몰려올 때 쯤, 여자 친구는 김택용 씨에게 문득 이런 질문을 꺼냈다.

"이런 패밀리 레스토랑에는 왜 부가가치세 10%가 과세되는 걸까?"

여자 친구의 불만 섞인 목소리를 들어 보니, 우리가 일반적으로 소비하는 재화나 용역에는 부가가치세가 과세되는 것 같지 않은데, 왜 하필이면 패밀리 레스토랑의 메

뉴판을 보면 각 장의 하단에 'VAT 10%는 별도'라는 말
이 붙는지 도무지 이해할 수 없다는 이야기였다. 과연 여
자 친구의 말대로 부가가치세는 패밀리 레스토랑의 메뉴
판에서만 찾아볼 수 있는 것일까?

부가가치세(VAT)

VAT는 Value Added Tax, 즉 부가된 가치에 대한 세
금을 의미한다. 우리나라 세제에서는 이를 부가가치세라
고 일컫는다. 위의 사례에서 민슬기 씨가 불평을 하고 있
는 VAT, 즉 부가가치세는 알고 보면 우리가 소비하는 대
부분의 재화나 용역에 이미 부가가 되어 있는 셈이다.

예를 들어 슈퍼마켓에서 1,000원짜리 음료수를 한 캔
구입해서 마신다고 하면 실제로 이 음료수의 '순수 물건
값'은 909원이고, 여기에 10%의 세율인 91원이 부가가치
세라는 명목으로 과세가 되고 있는 것이다. 다만 최종소
비자는 이러한 부가가치세의 과세 사실을 정확히 모르므
로 처음부터 이 음료수의 '순수 물건 값'이 1,000원이라
고 오해를 하고 있을 뿐이다.

용역 제공의 경우에는 가끔 이러한 부가가치세를 별도

로 '보기 좋게' 표시를 해주는 경우가 있다. 이를테면 김택용 씨와 민슬기 씨의 일화처럼 패밀리 레스토랑이 좋은 예라 할 수 있다. 패밀리 레스토랑의 메뉴판에는 '친절하게도' 부가가치세를 별도로 표시해 주고 있다. 메뉴판에는 스테이크 하나의 가격이 2만 7,000원이라고 큼지막하게 표시되어 있는데 메뉴판의 맨 밑을 보면 깨알 같은 글씨로 'VAT 10%는 별도'라고 표시되어 있는 것을 확인할 수 있다. 결국 이 메뉴판은 우리가 지불해야 하는 금액이 2만 9,700원임에도 VAT를 별도로 빼서 표시하는 방식으로 스테이크 값이 2만 7,000원인 것처럼 싸게 보이는 효과를 발휘할 수 있다.

또한 휴대폰 사용 요금의 경우에도 부가가치세를 별도로 표시하곤 한다. 예를 들어 어떤 통화상품의 기본료가 1만 5,000원이라면 부가가치세를 하단에 별도로 표시하여 1,500원을 추가로 과세하므로 결국 이 상품의 기본료는 1만 6,500원인 셈이다.

부가가치란?

부가가치란 과연 무엇일까? 예를 들어 다음 그림과 같

은 3자간의 거래 관계가 있다고 가정해 보자.

3자간 거래의 부가가치

B마트는 A제과로부터 초코파이를 2,000원에 매입해 온다. 하지만 이는 '순수 물건 값'만 2,000원일 뿐, 현금은 2,200원을 지급해야 한다. 왜냐하면 여기에는 10%인 부가가치세가 포함되기 때문이다. 그리고 B마트가 며칠 후 이를 C소비자에게 3,000원에 판매한다면 B마트는 C소비자에게 3,000원의 '순수 물건 값'에 10%까지 추가하여 3,300원을 받게 된다.

그렇다면 과연 B마트는 이 1건의 거래를 통해서 '부가가치세' 측면에서는 얼마의 이익 혹은 손실을 보게 되는 것일까? 단순히 생각하면 200원을 더 내고 300원을 더 받아 왔으므로 100원의 이익이 있는 것처럼 보일 것이다. 하지만 매년 6월이나 12월(예정신고의 경우 3월이나 9월)을 기준으로 그 이익인 100원을 과세당국에 납부해야 한다. 결론적으로 B마트는 이 거래를 통해서 '부가가치세'의 측면에서는 어떤 이익도, 손실도 인식하지 않는 것이다.

B마트는 결국 6개월(예정신고의 경우 3개월)에 한 번씩 100원의 부가가치세를 과세당국에 납부해야 하는데, 그러면 이 100원은 어떻게 산정된 것일까?

VA(부가가치) = 매출 — 매입 = 1,000

초코파이 매입 2,000원 | 현금 2,200원(VAT 200원) | B마트 | 매출 3,000원 | 현금 3,300원(VAT 300원)

B마트의 부가가치

174쪽의 그림에서 B마트 부분만을 발췌하면 위와 같은 그림이 나온다. 즉 B마트는 2,000원짜리 물건을 사와서 3,000원에 판매했으므로 자신의 단계에서 1,000원을 번 셈이고, 이는 박스상의 수식인 'VA(부가가치)=매출—매입=1,000원'으로 나올 수 있다. 즉 B마트가 자신의 단계에서 창출한 부가가치는 1,000원이고, 여기에 우리나라의 현행 부가가치세율인 10%를 곱하면 100원의 부가가치세 납부세액이 산출된다. 이는 A제과에 떼였던 200원과 C소비자에게 추가로 더 받아 왔던 300원의 차액이기도 하다.

전단계거래액공제법 vs. 전단계세액공제법

앞의 사례에서 B마트는 2,000원에 물건을 구입하여 3,000원에 판매하였다. 즉 자신의 단계에서 창출한 부가가치는 1,000원이며 이에 대하여 10%의 세율을 적용하면 100원의 납부세액이 산출된다.

이러한 방법을 '전단계거래액공제법'이라고 하는데, 이 방법은 일정기간 동안 각 기업의 매출액에서 부가가치를 창출하기 위해 투입된 전 단계 매입액을 공제하여 부가가치를 계산하고 이에 세율을 적용하여 부가가치세를 계산하는 방법이다.

$$부가가치세 = (매출액 - 매입액) \times 세율$$

하지만 이와 성격상 매우 비슷하나 실무상으로는 전혀 다른 방식인 '전단계세액공제법'이 있다. 이 방법은 일정기간 동안 당해 기업의 매출액에 세율을 적용하여 산정한 매출세액의 합계액에서 부가가치를 창출하기 위해 전 단계에서 투입한 매입금액에 세율을 적용하여 거래징수당한 매입세액을 공제하고 납부세액 또는 환급세액을 계산하는 방법이다. 이 방법에서는 매출세액에서 전 단계에서 매입할 때 세금계산서에 의해 거래징수당한 매입세액을 공제하여 당해 사업자가 납부할 세액을 계산하므로 세금계산서의 발급이 필수적이다.

부가가치세＝매출세액(매출액×세율)—매입세액

이 두가지 산식을 비교해 보면, 수학을 조금만 잘하는 사람이라면 결과적으로 동일한 수치가 나온다는 사실을 알 수 있을 것이다. 하지만 첫 번째 산식과 두 번째 산식의 '마이너스' 부분을 잘 보면 두 방법 사이에 아주 큰 차이가 있음을 발견할 수 있다.

첫 번째 산식에서는 자신이 매입해 온 가격을 자동으로 차감해 주고 있으나, 두 번째 산식에서는 '매입세액'을 자신이 적극적으로 규명해야만 차감할 수 있다. 즉 두 번째 산식을 채택할 경우에는 거래 상대방으로부터 적극적으로 세금계산서를 수취하고, 이를 '매입세액'으로 입증해야만 일정 금액의 세액공제가 가능하다.

현행 우리나라의 「부가가치세법」에서는 두 번째 방법을 적용하고 있다. 이 방법은 세금계산서 수수가 전제되어야 하므로 거래 자료가 양성화될 수 있다는 장점이 있다.

꼭 알아야 하는 세금계산서

세금계산서(209쪽 참고)는 사업자가 재화 또는 용역을 공급하는 때에 부가가치세를 거래징수하고 이를 증명하기 위해 공급받는 자에게 공급하는 사업자의 등록번호와 성명 또는 명칭, 공급받는 자의 등록번호, 공급가액과 부가가치세액 및 작성 연월일 등이 기재된 계산서를 말하며 일종의 세금영수증이다.

넓은 의미의 세금계산서에는 일반과세자가 원칙적으로 교부하는 좁은 의미의 세금계산서, 일반과세자 중 최종소비자를 대상으로 하는 업종(소매업·음식점업 등)의 사업자가 교부하는 영수증, 간이과세자가 교부하는 영수증, 세관장이 재화의 수입자에게 교부하는 수입세금계산서 등이 있다. 좁은 의미의 세금계산서는 사업자등록을 한 사업자에 한하여 교부할 수 있으며, 간이과세자는 영수증만 교부할 수 있고, 면세사업자는 부가가치세 납세의무 자체가 없으므로 세금계산서를 교부할 수 없다.

세금계산서는 사업자가 재화나 용역을 공급하는 경우에 거래상대방으로부터 부가가치세를 거래징수한 사실을 나타내는 송장이다. 사업자는 재화 또는 용역을 공급하는 경우에 부가가치세를 거래징수하면서 재화 등의 공급가액과 세액을 구분 표시한 세금계산서를 발급해야 한다. 이때 공급자는 공급받는 자로부터 매출세액을 상품 등의 대가와 함께 수령을 하게 된다. 그러므로 납세의무자로 등록한 사업자가 재화 또는 용역을 공급하는 경우에 「부가가치세법」에서 규정하는 시기에 법정 사항을 기재한 세금계산서를 공급을 받는 자에게 발급해야 한다.

세금계산서를 발급할 때 2010년부터 법인사업자(개인 복식사업자는 2011년부터)는 전자적 방법인 전자세금계산서로 발급해야 한다. 사업자는 부가가치를 창출하기 위해 재화 또는 용역을 사업자로부터 공급받는 경우 세금계산서를 발급받으면서 부가가치세를 거래징수 당하게 된다. 우리나라의 부가가치세는 '전단계세액공제법'에 의해 납부세액을 계산하고 세금계산서에 의해 부가가치세를 거래징수를 하므로 전단계세액인 매입세액은 세금계산서에 의해 증명된다고 할 수 있다.

피해야 할 매입세액 불공제 사유들

전단계세액공제법에서는 자신의 매입처에게 거래징수 당한 매입세액을 적극적으로 입증하여 자신의 매출세액에서 이 금액만큼 공제받을 수 있는 것이 「부가가치세법」 상 가장 중요한 요소 가운데 하나라고 할 수 있다. 하지만 아래와 같은 사유가 발생하면 이미 거래징수당한 매입세액마저도 공제받을 수 없으므로 반드시 알아두어 이러한 경우를 피할 수 있도록 노력해야 한다.

1. 매입처별 세금계산서 합계표 미제출, 거래처별 등록번호 및 공급가액 기재불성실, 사실과 다른 기재
   매입처별 세금계산서 합계표를 당해 예정신고 또는 확정신고 때에 제출하지 않은 경우의 매입세액 또는 제출한 매입처별 세금계산서 합계표의 기재사항 중 거래처별 등록번호 또는 공급가액의 전부 또는 일부가 적히지 않았거나 사실과 다르게 적힌 경우, 그 기재사항이 적히지 않은 부분 또는 사실과 다르게 적힌 부분의 매입세액은 매출세액에서 공제하지 않는다.

2. 세금계산서 미수취, 필요적 기재사항의 부실기재 및 사실과 다른 세금계산서
   「부가가치세법」에 의한 세금계산서를 발급받지 아니한 경우 또는 발급받은 세금계산서에 필요적 기재

사항의 전부 또는 일부가 적히지 않았거나 사실과
다르게 적힌 경우의 매입세액은 매출세액에서 공제
하지 않는다.

3. 사업과 직접 관련이 없는 지출에 대한 매입세액

4. 비영업용 소형승용차의 구입과 유지에 관한 매입세액

5. 접대비 및 이와 유사한 비용의 지출에 관련된 매입
세액

6. 면세되는 재화 또는 용역을 공급하는 사업에 관련
된 매입세액(투자에 관련된 매입세액 포함)과 토지 관
련 매입세액. 여기서 토지 관련 매입세액이라 함은
토지의 조성 등을 위한 자본적 지출에 관련된 매입
세액을 포함한다.

7. 사업자등록 전 매입세액. 다만, 등록신청일로부터
역산하여 20일 이내의 것은 제외한다.

부가가치세 실무개념 파악하기

사업자등록하기

장사를 하기 위해서는 일단 사업자등록부터 시작해야 한다. 사업자등록은 개인사업자만을 말하는 것이 아니라 법인사업자도 포함하는 개념이다. 일반적으로 일정한 목적과 계획을 가지고 지속적인 경제활동을 하는 자를 사업자라고 하는데, 「부가가치세법」에서는 영리목적의 유무에 관계없이 사업상 독립적으로 재화 또는 용역을 공급하는 자를 사업자라 하고 부가가치세를 납부할 의무를 부여하고 있다.

사업자등록이란 납세의무자에 해당하는 사업자를 정부의 대장에 수록하는 것을 말하는데 신규로 사업을 개시하는 자는 사업장마다 사업 개시일로부터 20일 내에 일정한 서류를 첨부한 사업자등록신청서를 사업장 관할 세무서장에게 제출하여야 한다. 다만, 신규로 사업을 개시하고자 하는 자는 사업 개시일 전이라도 등록할 수 있다. 따라서 사업자등록은 납부의무자가 그의 사업에 관한 사항을 공부에 등재하는 행위로서 제도적인 납세의무의 성립요건이라 할 수 있다.

「부가가치세법」에서 사업 개시일은 다음의 날을 의미한다.
1. 제조업에 있어서는 제조장별로 재화의 제조를 개시하는 날
2. 광업에 있어서는 사업장별로 광물의 채취, 채광을 개시하는 날
3. 기타의 사업에 있어서는 재화 또는 용역의 공급을 개시하는 날

실질적인 부가가치세 납세의무는 사업상 독립적으로 재화나 용역을 공급하는 때에 성립되지만, 제도적인 납세의무는 사업자가 관할세무서에 등록함으로로써 시작된다고 할 수 있다. 왜냐하면 납세의무자로서 등록을 하지 않으

면 재화나 용역을 공급한 데 대한 부가가치세 납세의무
는 발생하지만 자기가 징수당한 부가가치세는 공제하지
못하고, 또한 거래상대방에게도 유효한 세금계산서를 교
부할 권한이 없게 되므로 완전한 부가가치세 원리가 적
용될 수 없기 때문이다.

사업자등록은 「부가가치세법」상의 납세의무와 권한이
부여되는 제도적 절차라 할 수 있다. 이렇게 함으로써 정
부는 납세의무자를 파악할 수 있고, 사업자는 사업에 따
른 등록번호 또는 고유번호를 부여받아 모든 거래에서
이를 활용하여 과세자료 양성화를 통한 근거과세, 공평
과세라는 부가가치세의 이념을 실현할 수 있는 것이다.

사업자등록을 하면 관할세무서장은 사업자등록증을
발급해 주는데, 「부가가치세법」상의 사업자등록증은 세적
(稅籍)에 관한 일종의 증표라 할 수 있다. 신규로 사업을
개시한 자는 사업장마다 사업 개시일로부터 20일 내에
사업장 소관세무서장에게 구비서류를 첨부하여 사업자등
록신청서를 제출·등록하도록 하고 있는 바, 이때 세무서
장이 교부의 결격사유가 없이 정당하게 제출한 신청자에
대하여 신청일로부터 7일 내에 등록번호를 기재하여 교
부하는 증서를 사업자등록증(210쪽 참고)이라 한다.

사업자 vs. 사업장

앞에서 '사업자'는 사업을 시작하기 전에 사업자등록증을 발급받아야 한다고 설명한 바 있다. 이 설명에 의하면 부가가치세의 기본적인 과세단위는 '사업자'라고 생각하기 쉽다. 하지만 이와 달리 「부가가치세법」에서는 사업장이 오히려 좀 더 중요한 과세단위가 될 수 있다.

일반적으로 세법에서의 납세지란 납세자가 세법에 의해 납세의무를 이행하고 과세권자는 조세부과징수에 관한 권리행사를 하는 장소를 말한다. 납세지는 관할세무서가 결정되고, 납세자에게는 사업자등록과 신고·납부의무를 이행하는 장소가 되는 것이다. 그런데 「소득세법」이나 「법인세법」에서는 주소지 또는 법인소재지를 기준으로 납세지를 정하고 있는 데 비해 「부가가치세법」에서는 사업장마다 신고·납부하여야 한다. 즉 「부가가치세법」은 사업장 과세를 원칙으로 하고 있다.

「부가가치세법」에서 사업장은 사업자 또는 그 사용인이 상시 주재하여 거래의 전부 또는 일부를 행하는 장소를 말한다. 그런데 2곳 이상의 사업장을 가지고 있는 사업자는 각각의 사업장을 납세지로 하여 과세표준과 납부세액을 계산하고 이를 각각의 관할세무서에 신고·납부하여야 한다. 예를 들어 사업자 정휘성이라는 개인이 서울과 부산에 2개의 사업장을 가지고 있다면 원칙적으로 사업장별로 과세표준과 납부세액을 계산하여 서울과 부산에 있는 각각의 관할세무서에 부가가치세액을 신고 및 납부하여야 한다.

이렇듯 2곳 이상의 사업장을 가지고 있는 사업자가 각각의 사업장을 납세지로 하여 과세표준과 납부세액 또는 환급세액을 각각의 관할세무서에 신고·납부하는 것이 불편할 수 있다. 이런 경우에 납세의 편의를 위해 총괄납부의 승인 또는 사업장 단위 신고·납부 승인을 얻은 사업자인 경우에는 주된 사업장 또는 총괄사업장에서 부가가치세를 납부 또는 신고할 수 있다.

주사업장 총괄납부

「부가가치세법」상 사업자에게 2곳 이상의 사업장이 있는 경우에 정부의 승인을 얻어 부가가치세의 납부를 각각의 사업장마다 납부하지 않고, 주된 사업장에서 다른 사업장의 납부세액까지를 일괄하여 납부 또는 환급할 수 있게 하는 것이 주사업장 총괄납부 제도이다. 사업자를 기준으로 그의 어느 사업장에서는 납부할 세액이 있고, 그의 다른 사업장에서는 환급받을 세액이 있는 경우에 사업장간 통산으로 차감 조정하여 주사업장 관할세무서장에게 납부하거나 그로부터 환급받으면 납세의무자에게도 편리하고 세무행정상의 능률도 제고된다. 특히 납부는 먼저 해야 하고 환급은 뒤에 받아야 하는 사정 때문에 발생하는 사업자의 운영자금의 압박 문제를 해소하는 것에 주사업장 총괄납부 제도의 의의가 있다.

사업자단위과세

「부가가치세법」에서 사업자는 사업장마다 신고·납부의무를 이행하는 것을 원칙으로 하고 있다. 그러나 2곳 이상의 사업장이 있는 사업자는 각 사업장마다 부가가치세를 납부 또는 환급하는 것이 불편하므로 이를 해소하기 위해서 주사업장에서 총괄하여 납부 또는 환급하도록 하는 주사업장 총괄납부 제도를 두고 있다. 이와는 별도로 해당 사업자의 본점 또는 주사무소(총괄사업장)에서 총괄하여 신고, 납부, 사업자등록 등을 할 수 있도록 완화하였는데, 이것을 사업자단위과세 제도라 한다.

사업자단위과세 제도는 2007년까지는 각 사업장에서
사업자등록, 세금계산서 발급을 하고 신고와 납부만 총
괄사업장에서 하는 '사업자단위 신고·납부 제도'를 시행
하다가 2008년부터 사업자등록, 세금계산서 발급 등도
사업자의 본점 및 주사무소에서 하도록 하여 사업자의
납세이행비용 축소 및 납세편의를 제공하게 되었다.

이 사업자단위과세 제도는 2009년까지는 사업장
별 관리방식에서 구매, 생산, 판매, 재고, 회계부문 등
에 대하여 전사적으로 기업자원관리를 할 수 있는
ERP(Enterprise Resource Planning : 전사적 자원관리) 시
스템을 구비한 경우에 한정하였으나, 2010년부터 적용
요건을 폐지하여 일정한 전산 시스템 설비를 갖추지 않
아도 사업자가 선택할 수 있도록 확대하였다.

영세율

우리나라에서 적용되는 부가가치세율은 10%라는 사
실을 설명한 바 있다. 과연 그렇다면 우리나라에서는 부
가가치세율이 모든 재화나 용역에 대하여 10%가 부과되
는 것일까?

세율은 세액을 산출하기 위해 과세표준에 곱하는 비율 또는 과세표준의 단위당 금액을 말하는 것으로, 이러한 세율이 영(zero)인 것을 영세율이라 한다. 따라서 영세율이 적용되는 경우에는 당해 과세표준의 크기에 관계없이 산출한 세액은 항상 영이 된다. 「부가가치세법」에서 영세율이란 부가가치세의 과세대상인 재화나 용역의 공급에 대하여 0%의 세율을 적용하는 것을 말한다.

'전단계세액공제법'에서 매출액에 대하여 0%의 세율을 적용하고 그 재화나 용역의 부가가치를 창출하기 위해 전 단계의 매입 시에 거래징수당한 매입세액을 차감하면 마이너스(―)의 납부세액이 산출되며, 이를 통해 환급세액이 발생하게 된다. 이때 발생된 환급세액은 전 단계에서 발생된 매입세액으로서 전액 환급받게 된다.

이러한 영세율 제도는 일반적으로 수출 등과 같이 재화나 용역을 외국으로 공급하는 거래를 대상으로 하여 적용된다. 이것은 국외의 소비자들에게 우리나라의 부가가치세를 부담하지 않도록 함으로써 소비지국 과세원칙을 적용하고자 하는 것이다.

면세제도

　부가가치세는 우리도 모르게 대부분의 재화나 용역에 이미 부과되어 있다. 만약 이 부가가치세가 없다면 우리는 대부분의 재화나 용역을 10% 가량 저렴하게 구입할 수 있다. 예를 들어 점심 때 먹은 5,000원짜리 된장찌개는 4,545원이 되었을 것이고 점심식사 후 슈퍼마켓에서 마신 1,000원짜리 음료수는 909원이 되었을 것이다.

　실제로 우리나라 「부가가치세법」에 의하면 이렇게 부가가치세 10%를 면제해 주는 재화와 용역이 있다. 면세란 법률상의 납세의무를 면제하는 것으로 조세의 보편원칙에 따라 모든 사람에게 적용하고 있다. 면세제도는 조세의 전부에 대한 납부의무를 면제하는 것으로서 조세의 일부에 대한 납부의무를 면제하는 감세제도와 더불어 조세감면제도를 이룬다. 면세제도는 일단 과세대상에 포함되어 발생한 조세의 납부의무를 특정한 경우에 해제하는 것이라는 점에서 처음부터 과세대상에 포함되지 않는 것으로 하여 조세의 납부의무가 발생하지 않는 비과세제도와 구별된다.

　부가가치세는 소비세로서 모든 재화 또는 용역에 대하여 단일세율인 10%를 적용하여 소득수준에 관계없이

과세되므로 부자이든 가난한 사람이든 동일한 부가가치세를 부담하게 된다. 이를 '조세부담의 역진성'이라고 하는데, 단일세율을 적용하다 보면 전형적인 역진성의 문제에 직면하게 된다. 이러한 조세부담의 역진성을 완화하기 위해 기초생활 필수품 또는 국민후생 용역 등에 대하여 면세를 하고 있다. 이 외에도 교육 용역, 문화 용역, 학술·자선·종교 등의 공익 목적 또는 국가 등이 제공하는 용역 등에 대하여 면세를 하고 있다.

부가가치세 납부절차

세금계산서는 두 장이 한 세트로 구성되어 있다. 즉 한 번 기재하면 두 장이 동시에 같은 내용으로 기재되어 한 장은 공급자가, 다른 한 장은 공급받는 자가 갖게 된다. 하지만 거래할 때마다 종이로 된 세금계산서를 교부하는 것은 자원 낭비에 속하기도 하지만 여간 불편한 일이 아닐 수 없다. 이런 이유로 2010년부터 '전자세금계산서'가 도입되었다.

전자세금계산서란 세금계산서 기재사항을 정보통신망 등으로 전송하고 이를 전자적 형태로 보관하는 형태의 세금계산서 제도를 의미한다. 이러한 전자세금계산서 제도는 세금계산서의 발급방법과 합계표 제출에 관한 특례라고 생각할 수 있다.

법인사업자와 복식부기의무자인 개인사업자는 향후에는 반드시 전자세금계산서를 발급해야 한다. 다만, 법인사업자는 2010년 12월 31일까지, 개인사업자는 2011년 12월 31일까지 전자세금계산서 이외의 세금계산서도 발급할 수 있다는 유예기간을 별도로 정하고 있다.

여기에서 말하는 전자적 방법이란 다음의 어느 하나에 해당하는 방법으로서, 같은 세금계산서의 기재사항을 계산서 작성자의 신원 및 계산서의 변경여부 등을 확인할 수 있는 공인인증시스템을 거쳐 정보통신망으로 발급하는 것을 말한다.

1. 전사적 기업자원 관리설비로서 「전자거래기본법」에 따른 표준인증을 받은 설비를 이용하는 방법
2. 「전자거래기본법」에 따른 표준인증을 받은 실거래 사업자를 대신하여 전자세금계산서 발급업무를 대행하는 사업자의 전자세금계산서 발급 시스템을 이용하는 방법
3. 국세청장이 구축한 전자세금계산서 발급 시스템을

이용하는 방법

4. 전자세금계산서 발급이 가능한 현금영수증 발급장
   치 및 그 밖에 국세청장이 지정하는 전자세금계산
   서 발급 시스템을 이용하는 방법

전자세금계산서 발행자는 교부일(월합계세금계산서 등은 발행일자) 다음달 10일까지 전자적 방법으로 국세청에 전송해야 하고 전자세금계산서가 발행된 경우에는 발행을 취소할 수 없으며, 법정사유에 해당할 때에 수정세금계산서를 발행하여 수정할 수 있다.

전자세금계산서를 미교부, 미전송한 경우, 공급시기에 미교부한 경우에는 공급가액의 2% 가산세를 부과하고, 전송기한 내 국세청 미전송시에는 공급가액의 1% 가산세를 부과한다. 또한 전자세금계산서 수기발행 또는 미전송시에는 납세자 적응기간을 고려하여 전자세금계산서 수기발행인 경우 및 전자세금계산서 교부 후 미전송된 경우에 매입자는 매입세액공제를 받을 수 있다. 개인사업자도 전자세금계산서 발행이 가능하며, 건당 100원(연간 100만 원 한도)의 세액공제를 받을 수 있다.

사업자가 부가가치세 확정신고 시에 제출해야 할 서류 중 주요 서류를 열거하면 다음과 같다(부록 참고. 당해 사업자의 경우에 해당하지 않으면 제출할 필요가 없다). 다만, 영세율 또는 사업설비 투자로 인해 확정신고 기한 이전 조기환급신고 시에 이미 제출한 첨부서류는 제외한다.

1. 부가가치세 확정신고서(다만, 조기환급신고한 내용은 예정신고대상에서 제외)
2. 공제받지 못할 매입세액명세서
3. 신용카드매출전표 등 발행금액집계표
4. 신용카드매출전표 등 수령명세서 : 신용카드매출전표에 의해 매입세액을 공제받는 경우
5. 부동산 임대공급가액 명세서와 임대차계약서 사본(사업장을 임대한 후 임대차계약을 갱신한 경우만 제출) : 부동산임대업자의 경우
6. 수입금액명세서 : 예식장업, 부동산중개업, 산후조리업과 변호사업, 심판변론인업, 변리사업, 법무사업, 공인회계사업, 세무사업, 경영지도사업, 기술지도사업, 감정평가사업, 손해사정인업, 통관업, 기술사업,

건축사업, 도선사업, 측량사업, 공인노무사업, 약사
업, 한약사업, 수의사업, 그 밖에 이와 유사한 사업
서비스업으로서 기획재정부령이 정하는 것의 경우

7. 매출처별 세금계산서 합계표 및 매입처별 세금계산
서 합계표, 매입자발행 세금계산서 합계표

8. 영세율 첨부서류(「개별소비세법」에 의한 수출면세의 적
용을 받기 위해 영세율 첨부서류를 관할세무서장에게 이
미 제출한 경우에는 '영세율 첨부서류 제출명세서'로 영
세율 첨부서류를 갈음할 수 있다)

전자신고세액공제

납세자가 직접 전자신고방법으로 부가가치세 신고를
하는 경우는 해당 납부세액에서 전자신고세액공제 금액
으로 1만 원을 빼거나 환급세액에 더한다. 다만, 매출가
액과 매입가액이 없는 일반과세자에 대해서는 이를 적
용하지 않고 간이과세자에 대하여는 공제세액이 매입세
액에 대한 세액공제, 재고납부세액 가산, 의제매입세액을
가감한 후의 금액을 초과할 때에는 그 초과하는 금액은
없는 것으로 본다.

만약 공인회계사나 세무사가 납세자를 대리하여 전자신고의 방법으로 직전 과세기간 동안 부가가치세를 신고한 경우에도 전자신고세액공제가 가능하다. 이때의 연간 공제한도액(해당 세무사가 소득세 또는 법인세의 납부세액에서 공제받을 금액 및 부가가치세에서 공제받을 금액을 합한 금액)은 300만 원이고, 세무법인 또는 회계법인인 경우에는 800만 원까지 공제할 수 있다.

신용카드 등의 사용에 따른 세액공제

대통령령으로 정하는 사업자(법인은 제외)가 부가가치세가 과세되는 재화 또는 용역을 공급하고 일반적인 세금계산서의 발급 시기에 신용카드매출전표, 현금영수증 또는 그 밖에 이와 유사한 것을 발급하거나 대통령령으로 정하는 전자적 결제수단에 의해 대금을 결제받는 경우에는 다음의 금액을 납부세액에서 공제한다. 다만, 2010년 12월 31일까지는 연간 700만 원을 한도로 하고 이 후에는 연간 500만 원을 한도로 한다.

1. 발급금액 또는 결제금액의 100분의 1(2010년 12월

31일까지는 1,000분의 13)에 해당하는 금액

2. 음식점업 또는 숙박업을 하는 간이과세자의 경우
   에는 발급금액 또는 결제금액의 100분의 2(2010년
   12월 31일까지는 1,000분의 26)에 해당하는 금액

이 세액공제를 신고할 때에는 신용카드 매출전표 등 발
행금액 집계표와 전자화폐 결제명세서를 첨부해야 한다.

간이과세자

「전단계세액공제법」을 채택하고 있는 부가가치세에서
는 세금계산서의 수수와 기장이 필수인데, 기장 능력이
부족한 영세사업자에게 보다 간편한 방식인 업종별 부가
가치율을 적용하여 과세하는 것을 말한다. 간이과세자는
직전 1년간 공급대가 합계액이 4,800만 원 미만인 개인
사업자를 의미한다.

간이과세의 경우 납부세액의 계산방식은 '공급대가×
업종별 부가가치율×세율(10%)'이다. 여기서 업종별 부가
가치율은 직전 3년간 신고된 업종별 평균부가가치율 등
을 감안하여 정하고 있다. 간이과세 배제업종인 광업, 제

조업, 도매업, 부동산매매업, 개별소비세 과세유흥장소 영위사업(특별시·광역시 및 시지역과 국세청장 고시지역 소재 사업자), 부동산임대업(특별시·광역시지역에 소재하는 국세청장이 정하는 규모 이상 임대), 변호사업, 공인회계사업, 세무사업 등 특정 사업서비스업을 제외한 사업을 영위하는 자로서 직전 1년간 공급대가 합계액이 4,800만 원 미만인 사업자를 간이과세자라 한다.

일반과세자와 간이과세자의 차이는 다음과 같다.

구분	일반과세자	간이과세자
대상	간이과세자가 아닌 모든 과세사업자	직전 연도의 공급대가가 4,800만 원 미만인 개인사업자(원칙)
과세표준	부가가치세가 포함되지 않은 공급가액	부가가치세가 포함된 공급대가
거래징수	세액을 별도로 거래징수	대가에 포함하여 영수
납부세액	매출세액—공제대상 매입세액	공급대가×업종별 부가가치율×10%—매입세금계산서 등의 매입세액×업종별 부가가치율
세액공제 및 환급	매출세액을 초과하는 매입세액은 환급	발급받은 매입세금계산서 등의 매입세액에 당해 업종별 부가가치율을 곱하여 계산한 금액을 공제하되 납부세액 초과 시 없는 것으로 봄
세금계산서 교부	거래 시마다 세금계산서 발급의무 있음 (소매업 등 일부 업종 제외)	세금계산서 발급할 수 없고 영수증 발급의무 있음

Seven Days Master Series

부록

[별지 제37호서식] <개정 2009.4.14>　　　　　　　　　　　　　　　　　　　　　　(1쪽)

소득공제신고서/근로소득자공제신고서(　　년 소득에 대한 연말정산용)

※ 근로자는 해당 서류를 작성하여 원천징수의무자(소속 회사 등)에게 제출하며, 원천징수의무자는 해당 서류 및 첨부서류를 확인하여 근로소득 세액계산을 하고 근로자에게 즉시 원천징수영수증을 교부하며, 환급 발생시 원천징수의무자가 근로자에게 환급합니다.

소득자 성명			주민등록번호	－
근무처 명칭			사업자등록번호	－ －
거주구분	거주자 □ , 비거주자 □		근무기간	～
거주지국			거주지국코드	

관계코드 내·외국인	성 명 주민등록번호	인적공제 항목					자료구분	각종 소득공제 항목					
		기본공제 부녀자공제	경로우대공제	출산·입양자공제	장애인공제	자녀양육비공제		보험료(건강보험료 등 포함)	의료비	교육비	신용카드 등 사용액공제		기부금
											신용카드 등	현금영수증	
인적공제 항목에 해당하는 인원수를 기재 (다자녀　　명)							국세청						
							기타						
0	(근로자 본인)	○					국세청						
							기타						
	－						국세청						
							기타						
	－						국세청						
							기타						
	－						국세청						
							기타						
	－						국세청						
							기타						
	－						국세청						
							기타						
	－						국세청						
							기타						
	－						국세청						
							기타						

(좌측 세로: 인적공제 및 소득공제 명세)

※ 참고사항

1. 연령기준
　가. 경 로 자　(　　). 12. 31. 이전 출생(70세 이상: 100만원 공제)
　나. 6세 이하자　(　　). 1. 1. 이후 출생(자녀양육비공제 100만원)
2. 관계코드: 소득자 본인=0, 소득자의 직계존속=1, 배우자 직계존속=2, 배우자=3, 직계비속 자녀=4, 직계비속 자녀 외 = 5 형제자매=6, 기타=7을 적습니다(4·5·6·7의 경우 소득자와 배우자의 각각의 관계를 포함합니다).
3. 내·외국인: 내국인=1, 외국인=9로 구분하여 적습니다.
4. 다자녀란은 근로자 본인의 기본공제대상자에 해당하는 자녀가 2명 이상인 경우에 해당 자녀수를 적습니다.

210㎜×297㎜(일반용지 60g/㎡(재활용품))

부록

구분	지출명세		지출구분	금 액	한도액	공제액
연금보험료공제 (국민연금, 공무원연금, 군인연금, 교직원연금, 퇴직연금 등)	연금보험료	국민연금보험료	종(전)근무지 보험료		전액	
			주(현)근무지 보험료		전액	
		국민연금보험료 외의 연금보험료	종(전)근무지 보험료		전액	
			주(현)근무지 보험료		전액	
		퇴직연금	종(전)근무지 보험료		작성방법 참조	
			주(현)근무지 보험료		작성방법 참조	
	연금보험료 계					
특별공제	보험료	국민건강보험 (노인장기요양보험 포함)	종(전)근무지 보험료		전액	
			주(현)근무지 보험료		전액	
		고용보험	종(전)근무지 보험료		전액	
			주(현)근무지 보험료		전액	
		일반보장성보험	보험료		100만원	
		장애인전용보장성보험	보험료		100만원	
	보험료 계					
	의료비	본인·65세이상자·장애인 의료비	지출액		작성방법 참조	
		그 밖의 공제대상자 의료비	지출액		작성방법 참조	
	의료비 계					
	교육비	소득자 본인	공납금(대학원 포함)		전 액	
		취학전 아동 (명)	유치원비·학원비등		1인당 300만원	
		초·중·고등학교 (명)	공납금		1인당 300만원	
		대학생(대학원 불포함) (명)	공납금		1인당 900만원	
		장애인 (명)	특수교육비		전 액	
	교육비 계					
	주택자금	주택임차차입금	원리금상환액		작성방법 참조	
		장기주택저당차입금	이자 상환액		작성방법 참조	
	주택자금 공제액 계					
	기부금	정치자금기부금(세액공제분 제외)	기부금액		작성방법 참조	
		전액공제 기부금	기부금액			
		50%한도 적용기부금	기부금액			
		30%한도 적용기부금	기부금액			
		종교단체 외 지정기부금	기부금액			
		종교단체 지정기부금	기부금액			
	기부금공제액 계					
그 밖의 공제	연금저축공제	2000년 이전 가입한 개인연금저축	납입금액		불입액40%와 72만원	
		2001년 이후 가입한 연금저축	납입금액		작성방법 참조	
		연금저축공제계				
	소기업·소상공인 공제부금 소득공제		불입금액		작성방법 참조	
	주택마련저축 소득공제		납입금액		작성방법 참조	
	투자조합출자공제	출자 또는 투자	출자·투자금액		작성방법 참조	
	신용카드 등 사용액 소득공제	①신용·직불·기명식 선불카드 등	사용금액			
		②현금영수증	사용금액			
		③학원비 지로납부	사용금액			
		④사업관련비용				
		계(①+②+③-④)				
	우리사주 출연금 소득공제		출연금액		작성방법 참조	
	장기주식형저축소득공제	①납입 1년차			공제액=(①×20% + ②×10% + ③×5%)	
		②납입 2년차				
		③납입 3년차				
		납입합계				
	기 타( )					

	공 제 종 류		내　　　역	공제율	
세 액 공 제	세액공제	외국납부세액	국외원천소득		
			납세액(외화)		
			납세액(원화)	–	
			납세국명	납부일	
			신청서제출일	국외근무처	
			근무기간	직책	
		주택자금차입금이자세액공제	이자상환액	30%	
		기부성치자금	10만원 이하	100/110	
	외국인 근로자	입국목적	□ 정부간 협약　　□ 기술도입계약　　□ 「조세특례제한법」 상 감면		
		기술도입계약 또는 근로제공일		감면기간만료일	
		외국인근로소득에 대한 감면신청서	접수일	제출일	

신고인은 「소득세법」 제140조에 따라 위의 내용을 신고하며, **위 내용을 충분히 검토하였고 신고인이 알고 있는 사실 그대로를 정확하게 적었음을 확인합니다.**

년　　　월　　　일

신고인　　　　　　　　　　　　　　　　　　　　(서명 또는 인)

외국인근로자 단일세율적용신청서 제출 여부(○ 또는 ×로 적습니다)		제출 (　　)	
종(전)근무지명 (사업자등록번호)		종(전)급여총액	종(전)근무지 근로소득원천 징수영수증 제출 여부(　　)
		종(전) 걸정세액	

※ 참고사항

1. 종(전)근무지 근로소득을 합산하여 신고하지 아니하는 경우에는 종합소득세 신고를 하여야 하며, 신고하지 아니한 경우 가산세 부과 등 불이익이 따릅니다.
2. 현 근무지의 연금보험료·국민건강보험료 및 고용보험료 등은 신고인이 작성하지 아니하여도 됩니다.

부록

[별지 제84호서식] ※ '10.1.1이후 양도분부터는 양도소득세 예정신고를 하지 않으면 가산세가 부과됩니다. (앞 쪽)

양도소득과세표준 신고 및 납부계산서
(□예정신고, □확정신고, □수정신고, □기한 후 신고)

관리번호		-	

① 신고인 (양도인)	성 명		주민등록번호		내·외국인	□ 내국인, □ 외국인
	전자우편주소		전 화 번 호		거주구분	□ 거주자, □ 비거주자
	주 소				거주지국	거주지국코드

② 양수인	성 명	주민등록번호	양도자산 소재지	지분	양도인과의 관계

③ 세율구분	코 드	합 계	국내분 소계	-	-	-	국외분 소계
④ 양 도 소 득 금 액							
⑤ 기신고·결정·경정된 양도소득금액 합계							
⑥ 양도소득기본공제							
⑦ 과 세 표 준 (④ + ⑤ - ⑥)							
⑧ 세 율							
⑨ 산 출 세 액							
⑩ 감 면 세 액							
⑪ 외국납부세액공제							
⑫ 예정신고납부세액공제							
⑬ 원천징수세액공제							
⑭ 가산세 · 신고불성실							
납부불성실							
계							
⑮ 기신고·결정·경정세액							
⑯ 납부할 세액 (⑨-⑩-⑪-⑫-⑬+⑭-⑮)							
⑰ 분납(물납)할 세액							
⑱ 납 부 세 액							
⑲ 환 급 세 액							

농어촌특별세 납부계산서

⑳ 소득세 감면세액	
㉑ 세 율	
㉒ 산 출 세 액	
㉓ 수정신고가산세등	
㉔ 기신고·결정·경정세액	
㉕ 납 부 할 세 액	
㉖ 분 납 한 세 액	
㉗ 납 부 세 액	
㉘ 환 급 세 액	

지방소득세 납부계산서

㉙ 소 득 세 납부할 세액	
㉚ 세 율	
㉛ 산 출 세 액	
㉜ 납 부 세 액	
㉝ 환 급 세 액	

환급금 계좌신고

㉞ 금융기관명	
㉟ 계 좌 번 호	

신고인은 「소득세법」 제105조(예정신고)·제110조(확정신고), 「국세기본법」 제45조(수정신고)·제45조의3(기한후신고), 「농어촌특별세법」 제7조 및 「지방세법」 제177조의4에 따라 신고하며, 위 내용을 충분히 검토하였고 신고인이 알고 있는 사실 그대로를 정확하게 적었음을 확인합니다.

년 월 일

신고인 (서명 또는 인)

세무대리인은 조세전문자격자로서 위 신고서를 성실하고 공정하게 작성하였음을 확인합니다.

세무대리인 (성명 또는 인)

세무서장 귀하

첨부서류	신고인 제출서류	담당공무원 확인사항	접수일자인
	1. 양도소득금액계산명세서(부표1 또는 부표2) 1부	1. 토지 및 건물등기부등본	
	2. 매매계약서 1부	2. 토지 및 건축물대장등본	
	3. 필요경비에 관한 증빙서류 및 부표3 각1부		
	4. 감면신청서 및 수용확인서 등 1부		
	5. 그 밖에 양도소득세 계산에 필요한 서류 1부		

세무대리인	성명(상호)		사업자번호		전화번호	

210㎜×297㎜(일반용지 60g/㎡(재활용품))

[별지 제84호서식 부표1]　　　　　　　　　　　　　　　　　　　　　　　　(앞 쪽)

<table>
<tr><td colspan="3">관리번호　　　　－
※ 관리번호는 적지 마십시오.</td><td colspan="4" align="center">양 도 소 득 금 액 계 산 명 세 서</td></tr>
</table>

□ 양도자산 및 거래일자

			합　계	(－)	(－)	(－)
① 세 율 구 분 (코드)						
② 소 재 지						
③ 자 산 종 류 (코드)				( )	( )	( )
거래일자 (거래원인)	④ 양도일자(원인)			( )	( )	( )
	⑤ 취득일자(원인)			( )	( )	( )
거래자산 면적(㎡)	⑥총면적 (양도지분)	토지		(/)	(/)	(/)
		건물		(/)	(/)	(/)
	⑦양도면적	토지				
		건물				
	⑧취득면적	토지				
		건물				

□ 양도소득금액　계산

		합계			
거래금액	⑨ 양 도 가 액				
	⑩ 취 득 가 액				
	취득가액 종류				
⑪ 기납부 토지초과이득세					
⑫ 기 타 필 요 경 비					
양도차익	전체 양도차익				
	비과세 양도차익				
	⑬ 과세대상양도차익				
⑭ 장기보유특별공제					
⑮ 양 도 소 득 금 액					
⑯ 감 면 소 득 금 액					
⑰ 감면종류　　　감면율					

□ 기준시가 (기준시가 신고 또는 취득가액을 환산가로 신고하는 경우에만 적습니다)

양도시 기준 시가	⑱건물	일반건물				
		오피스텔·상업용				
		개별·공동주택				
	⑲토　지					
	합　계					
취득시 기준 시가	⑳건물	일반건물				
		오피스텔·상업용				
		개별·공동주택				
	㉑토　지					
	합　계					

210㎜×297㎜(일반용지 60g/㎡(재활용품))

부록

● 양도소득세간편신고서

[별지 제84호의4서식] ※ '10.1.1 이후 양도분부터는 양도소득세 예정신고를 하지 않으면 가산세가 부과됩니다.　　　(앞 쪽)

양도소득세 간편신고서(소명자료 제출서)

(□예정신고, □확정신고, □기한 후 신고, □소명자료 제출서)

관리번호	－

1. 신고인 (양도인)	성　명		주민등록번호		내·외국인	□ 내국인, □ 외국인
	전자우편주소		전 화 번 호		거주구분	□ 거주자, □ 비거주자
	주　소				거주지국	거주지국코드

2. 양수인	성　명	주민등록번호	전화번호	지분	양도자와의 관계

3. 양도자산 및 거래일자

세율구분(코드) (－)

자산종류(코드)	( )	자산소재지	
양도일자(원인)	( )	취득일자(원인)	( )
양도면적(토지)		양도면적(건물)	

4. 양도소득세 및 지방소득세 계산

①양도가액	②취득가액	③필요경비	④양도차익 (①-②-③)	⑤장기보유 특별공제	⑥양도소득금액 (④-⑤)

⑦양도소득 기본공제	⑧과세표준 (⑥-⑦)	⑨세율	⑩산출세액 (⑧×⑨)	⑪예정신고 납부세액공제	⑫가산세			⑬납부할 세액 (⑩-⑪+⑫)
					신고 불성실	납부 불성실	계	

⑭분납할세액	⑮납부세액(⑬-⑭)	⑯지방소득세 세율	⑰지방소득세 납부세액(⑬×⑯)

5. 취득가액 상세명세서(②번 금액의 상세 명세를 적으며, 음영부분은 적지 않습니다)

구 분	구분 코드	상 호	사업자등록번호	지급일자	지급금액	증빙종류(코드)
매 입 가 액						
취득세·등록세						
매입부대비용						

6. 필요경비 계산 상세명세서(③번 금액의 상세 명세를 적습니다)

자본적지출액	
기타비용	
중개수수료 등	

7. 신고인 제출서류	① 매도 및 매입에 관한 매매계약서 사본, 수용확인서 등 ② 자본적지출액·양도비 등 기타필요경비 입증서류(세금계산서 등)
8. 담당공무원 확인사항	① 토지 및 건물등기부 등본 1부 ② 토지 및 건축물관리대장 1부

본인은 이 건 업무처리와 관련하여 「전자정부법」 제21조제1항에 따른 행정정보의 공동이용을 통하여 담당공무원이 위의 담당공무원 확인사항을 확인하는 것에 동의합니다.　　　신고인
(서명 또는 인)

신고인은 「소득세법」 제105조(예정신고)·제110조(확정신고)·「국세기본법」 제45조의3(기한후신고), 및 「지방세법」 제177조의4에 따라 신고하며, **위 내용을 충분히 검토하였고 신고인이 알고 있는 사실 그대로를 정확하게 적었음을 확인합니다.**

년　월　일

신고인　　　　　　　　　　　(서명 또는 인)

9. 소명자료제출서로 활용하는 경우: 기본사항(양도인, 양수인, 양도자산 및 거래일자)만 적고 소명자료(1세대1주택 비과세 입증서류 등)를 첨부하여 제출하시면 됩니다(세액계산 불필요).

소명자료 제출명세 (제출명세를 적음)	○	
	○	○

세무대리인	성명(상호)		사업자번호		전화번호	

210㎜×297㎜(일반용지 60g/㎡(재활용품))

• 취득가액 및 필요경비계산 상세 명세서

[별지 제84호서식 부표3] <개정 2009.4.14> (1쪽)

취득가액 및 필요경비계산 상세 명세서

부록	구 분			구분코드	거래상대방 상호	거래상대방 사업자등록번호	지급일자	지급금액	증빙종류(코드)
취득가액	①타인으로부터 매입한 자산	매 입 가 액		111					
		취 득 세		112					
		등 록 세		113					
		기타 부대 비용	법무사비용	114					
			취득중개수수료	115					
			기타	116					
		소 계							
	②자기가 제조 · 생산 · 건설한 자산			120					
				120					
	③가산항목	취득시 쟁송비	변호사비용	131					
			기타비용	132					
		매수자부담 양도소득세		133					
		기 타		134					
		소 계							
	④차감항목	감 가 상 각 비		141					
	⑤계 (①+③-④ 또는 ②+③-④)								
기타필요경비	자본적 지출액 등	⑥자본적지출액	용도변경 · 개량 · 이용편의를 위한 지출	260					
			엘리베이터, 냉난방설치	260					
			피난시설등설치	260					
			재해 등으로 인한 자산의 원상복구	260					
			개발부담금 재건축부담금	261					
			자산가치증가 등 수선비	260					
			기 타	260					
			소 계						
		⑦취득후 쟁송비용	변호사 비용	271					
			기타 소송, 화해 비용	272					
		⑧기타비용	수익자부담금	281					
			토지 장애 철거비	280					
			도로시설비 등	280					
			사방사업소요비용	280					
			기 타	280					
			소 계						
		⑨계 (⑥+⑦+⑧)								
	양도비 등	⑩양도시 중개수수료 등 직접지출비용		290					
		⑪국민주택채권 및 토지개발채권 매각차손 등 기타경비		291					
		⑫계 (⑩+⑪)								
		⑬ 기타 필요경비 계 (⑨+⑫)								

210㎜×297㎜(일반용지 60g/㎡(재활용품))

부록

• 세금계산서

[별지 제11호 서식] (96.3.30. 개정)

(석색)

세금계산서(공급자보관용)

| 책 번 호 | 권 | 호 |
| 일 련 번 호 | | - |

공급자	등 록 번 호	- -		공급받는자	등 록 번 호	- -
	상호(법인명)	성 명 (대표자)			상호(법인명)	성 명 (대표자)
	사업장 주소				사업장 주소	
	업 태	종 목			업 태	종 목

| 작성 | | 공 급 가 액 | | 세 액 | | 비 고 |
| 연 월 일 공란수 | 백 십 억 천 백 십 만 천 백 십 일 | 십 억 천 백 십 만 천 백 십 일 | |

월	일	품 목	규 격	수 량	단 가	공 급 가 액	세 액	비 고

| 합 계 금 액 | 현 금 | 수 표 | 어 음 | 외 상 미 수 금 | 이 금액을 영수 함 청구 |
| | | | | | |

22226-28131일
1996.2.27. 개정

182mm×128mm

(인쇄용지(특급) 34g/㎡)

(청색)

세금계산서(공급받는 자 보관용)

| 책 번 호 | 권 | 호 |
| 일 련 번 호 | | - |

공급자	등 록 번 호	- -		공급받는자	등 록 번 호	- -
	상호(법인명)	성 명 (대표자)			상호(법인명)	성 명 (대표자)
	사업장 주소				사업장 주소	
	업 태	종 목			업 태	종 목

| 작성 | | 공 급 가 액 | | 세 액 | | 비 고 |
| 연 월 일 공란수 | 백 십 억 천 백 십 만 천 백 십 일 | 십 억 천 백 십 만 천 백 십 인 | |

월	일	품 목	규 격	수 량	단 가	공 급 가 액	세 액	비 고

| 합 계 금 액 | 현 금 | 수, 표 | 어 음 | 외 상 미 수 금 | 이 금액을 영수 함 청구 |
| | | | | | |

22226-28132일
1996.2.27. 개정

182mm×128mm

(인쇄용지(특급) 34g/㎡)

• **사업자등록증**

[별지 제4호서식(1)]

<table>
<tr><td colspan="2" align="center">사 업 자 등 록 증
(일반과세자)
등록번호 : 123-45-67890</td></tr>
<tr><td>①상 호 : 우리산업</td><td>②성 명 : 홍길동</td></tr>
<tr><td>③개 업 연 월 일 : 2010 년 12월 1 일</td><td>④주민등록번호 : 123456-1234567</td></tr>
<tr><td colspan="2">⑤사업장소재지 : 서울 종로구 관훈동</td></tr>
<tr><td colspan="2">⑥사 업 의 종 류 :   업태   종목
                  도소매   전자부품</td></tr>
<tr><td colspan="2">⑦교 부 사 유 : 신규</td></tr>
<tr><td colspan="2">⑧공 동 사 업 자 :</td></tr>
<tr><td colspan="2">⑨주류판매신고번호 :</td></tr>
<tr><td colspan="2" align="center">2010년 12 월 5 일</td></tr>
<tr><td colspan="2" align="right">강동세무서장   [인]</td></tr>
</table>

210㎜×297㎜
(보존용지(1종) 120g/㎡)

부록

• 일반과세자부가가치세신고서

[별지 제12호서식] (2010. 3. 31. 개정)　　　　　　　　　　　　　　　(1장 앞 쪽)

| 일반과세자 부가가치세 | □예정 □확정 □기한후과세표준 □영세율 등 조기환급 | 신고서 | 처리기간 즉 시 |

| 관리번호 | ─ | 신고기간 | 년 기(월 일 ~ 월 일) |

사 업 자	상 호 (법인명)		성 명 (대표자명)		사업자등록번호	─ ─
	주민(법인) 등록번호	─	전화번호	사업장 주소지 휴대전화
	사업장주소			전자우편 주소

❶ 신 고 내 용

구 분			금 액	세율	세 액
과세표준및매출세액	과세	세금계산서발급분	(1)		$\frac{10}{100}$	
		매입자발행세금계산서	(2)		$\frac{10}{100}$	
		신용카드·현금영수증발행분	(3)		$\frac{10}{100}$	
		기타(정규영수증외매출분)	(4)		$\frac{10}{100}$	
	영세율	세금계산서발급분	(5)		$\frac{0}{100}$	
		기　　　타	(6)		$\frac{0}{100}$	
	예 정 신 고 누 락 분		(7)			
	대 손 세 액 가 감		(8)			
	합　　　　계		(9)		㉮	
매입세액	세금계산서 수 취 분	일 반 매 입	(10)			
		고정자산매입	(11)			
	예 정 신 고 누 락 분		(12)			
	매입자발행세금계산서		(13)			
	기 타 공 제 매 입 세 액		(14)			
	합 계 (10)+(11)+(12)+(13)+(14)		(15)			
	공제받지못할매입세액		(16)			
	차 감 계 (15)-(16)		(17)		㉯	
납 부 (환 급) 세 액 (매출세액㉮ - 매입세액㉯)				㉰	
경감·공제세액	기타경감·공제세액		(18)			
	신용카드매출전표등 발행공제등		(19)			
	합　　　계		(20)		㉱	
예 정 신 고 미 환 급 세 액			(21)		㉲	
예 정 고 지 세 액			(22)		㉳	
금지금 매입자 납부특례 기납부세액			(23)		㉴	
가 산 세 액 계			(24)		㉵	
차가감하여 납부할 세액(환급받을 세액)(㉰-㉱-㉲-㉳-㉴+㉵)			(25)			
총괄납부사업자 납부할 세액(환급받을 세액)					

| ❷ 국세환급금계좌신고 | 거래은행 | 은행 | 지점 | 계좌번호 | |

| ❸ 폐 업 신 고 | 폐업일자 | | 폐업사유 | |

❹ 과 세 표 준 명 세					「부가가치세법」 제18조·제19조 또는 제24조와 「국세기본법」 제45조의3에 따라 위의 내용을 신고하며, **위 내용을 충분히 검토하였고 신고인이 알고 있는 사실 그대로를 정확하게 적었음을 확인합니다.**
업 태	종 목	업종코드	금 액		년　　월　　일
(26)					신고인:　　　　　　　　(서명 또는 인)
(27)					세무대리인은 조세전문자격자로서 위 신고서를 성실하고 공정하게 작성하였음을 확인합니다.
(28)					세무대리인:　　　　　　　(서명 또는 인)
(29)					**세무서장** 귀하
(30)					구 비 서 류　　　　　　뒤 쪽 참조

| 세무대리인 | 성 명 | | 사업자등록번호 | | 전화번호 | |

210㎜×297㎜[일반용지 60g/㎡(재활용품)]

• 매출처별세금계산서합계표

[별지 제20호의2서식(1)] (2010. 3. 31. 개정)　　　　　　　　　　　　　(앞 쪽)

매출처별세금계산서합계표(갑)

(　　　년 　　　기)

1. 제출자 인적사항

(1)사업자등록번호	－ 　　　－	(2)상호(법인명)	
(3)성 명(대 표 자)		(4)사업장소재지	
(5)거래기간	년 월 일~ 　년 월 일	(6)작성일자	년 　월 　일

2. 매출세금계산서 총합계

구 분		(7)매출처수	(8)매수	(9)공 급 가 액 조 십억 백만 천 일					(10)세 액 조 십억 백만 천 일				
합 계													
전자 세금계산서 발급분	사업자등록 번호 발급분												
	주민등록번호 발급분												
	소 계												
전자 세금계산서 외의 발급분	사업자등록 번호 발급분												
	주민등록번호 발급분												
	소 계												

3. 전자세금계산서 외의 발급분에 대한 매출처별 명세(합계금액으로 적음)

(11)일련번호	(12)사업자등록번호	(13)상호(법인명)	(14)매수	(15)공 급 가 액 조 십억 백만 천 일					(16)세 액 조 십억 백만 천 일					비고
1														
2														
3														
4														
5														

(　　)쪽

(17)관리번호(매출)	－	210㎜×297㎜[일반용지 60g/㎡(재활용품)]

부록

매출처별세금계산서합계표(을)

(년   기)

사업자등록번호	－ －

일련 번호	사업자등록번호	상 호 (법인명)	매수	공급가액 조 십억 백만 천 일	세 액 조 십억 백만 천 일	비고

비고 : 이 서식은 매출처가 6개 이상으로서 매출처별세금계산   (   )쪽
서 합계표(갑)을 초과하는 경우에 사용합니다.

관리번호(매출)	－

210㎜×297㎜(보존용지(1종) 70g/㎡)

• 매입처별세금계산서합계표

[별지 제20호의3서식(1)] (2010. 3. 31. 개정)

(앞 쪽)

매입처별세금계산서합계표(갑)
(　　　년　　　기)

1. 제출자 인적사항

(1)사업자등록번호	－ 　 －	(2)상호(법인명)	
(3)성 명(대 표 자)		(4)사업장소재지	
(5)거래기간	년 월 일 ~ 년 월 일	(6)작성일자	년 월 일

2. 매입세금계산서 총합계

구 분		(7)매입처수	(8)매수	(9)공 급 가 액 조 십억 백만 천 일	(10)세 액 조 십억 백만 천 일
합 계					
전자 세금계산서 발급받은분	사업자등록번호 발급받은분				
	주민등록번호 발급받은분				
	소 계				
전자 세금계산서 외의 발급받은분	사업자등록번호 발급받은분				
	주민등록번호 발급받은분				
	소 계				

* 주민등록번호로 발급받은 세금계산서는 사업자등록 전 매입세액 공제에 해당하는 영역

3. 전자세금계산서 외의 발급받은분에 대한 매입처별 명세(합계금액으로 적음)

(11)일련번호	(12)사업자 등록번호	(13)상호 (법인명)	(14)매수	(15)공 급 가 액 조 십억 백만 천 일	(16)세 액 조 십억 백만 천 일	비고
1						
2						
3						
4						
5						

(　　)쪽

(17)관리번호(매출)	－

210㎜×297㎜[일반용지 60g/㎡(재활용품)]

부록

[별지 제20호의3서식(2)] (2009. 3. 26. 개정)

매입처별세금계산서합계표(을)
(년   기)

사업자등록번호		－	－

일련 번호	사업자등록번호	상 호 (법인명)	매수	공급가액 조 십억 백만 천 일	세 액 조 십억 백만 천 일	비고

※ 이 서식은 매입처가 6개 이상으로서 매입처별세금계산서합계   (   )쪽
   표(갑)을 초과하는 경우에 사용합니다.

관리번호(매입)	－

210mm×297mm(보존용지(1종) 70g/㎡)

세무지식 7일 만에 끝내기

펴낸날 **초판 1쇄 2010년 10월 4일**

지은이 **임성종**
펴낸이 **심만수**
펴낸곳 **(주)살림출판사**
출판등록 **1989년 11월 1일 제9-210호**

경기도 파주시 교하읍 문발리 파주출판도시 522-1
전화 **031)955-1350**   팩스 **031)955-1355**
기획·편집 **031)955-4671**
http://www.sallimbooks.com
book@sallimbooks.com

ISBN 978-89-522-1521-5 13320

※ 값은 뒤표지에 있습니다.
※ 잘못 만들어진 책은 구입하신 서점에서 바꾸어 드립니다.

책임편집 **박종훈**